法府拾穗

IV

主编 朱晶晶

浙江工商大学出版社 | 杭州
ZHEJIANG GONGSHANG UNIVERSITY PRESS

图书在版编目(CIP)数据

法府拾穗. Ⅳ / 朱晶晶主编. — 杭州：浙江工商
大学出版社，2023.1
ISBN 978-7-5178-5021-2

Ⅰ.①法… Ⅱ.①朱… Ⅲ.①法学－文集 Ⅳ.
①D90－53

中国版本图书馆 CIP 数据核字(2022)第 114045 号

法府拾穗 Ⅳ

FA FU SHI SUI Ⅳ

主编 朱晶晶

策划编辑	任晓燕
责任编辑	张晶晶
责任校对	韩新严
封面设计	朱嘉怡
责任印制	包建辉
出版发行	浙江工商大学出版社
	(杭州市教工路 198 号　邮政编码 310012)
	(E-mail：zjgsupress@163.com)
	(网址：http://www.zjgsupress.com)
	电话：0571-88904980,88831806(传真)
排　　版	杭州朝曦图文设计有限公司
印　　刷	杭州高腾印务有限公司
开　　本	710mm×1000mm　1/16
印　　张	10
字　　数	137 千
版 印 次	2023 年 1 月第 1 版　2023 年 1 月第 1 次印刷
书　　号	ISBN 978-7-5178-5021-2
定　　价	68.00 元

序

　　作为系列丛书,"法府拾穗"现今已经出到第四册。如同前三册,《法府拾穗Ⅳ》是浙江财经大学法学院 2018 级非诉法律实验班学生成果的汇编。本书汇集了 2018 级非诉法律实验班学生的实习感悟、读书报告、学术论文等数十篇,很好地展示了学生们在实习过程中的心得收获和读书学习中的所思所想。作为 2018 级非诉法律实验班班级导师的我能亲历该书的出版,内心感到无比欣喜。

　　虽然大学四年本科时光于 2018 级非诉班学生的人生而言,不过沧海一粟,微不足道,但在这四年里大家共同经历、共同成长,每个人都是法律麦田里满足的拾穗者。只是有人拾得多些,有人拾得少些;有人拾得快些,有人拾得慢些。然而,任何收获都是大家努力和付出的见证。"法府拾穗"系列丛书正是其中一种见证方式。

　　在筹备《法府拾穗Ⅳ》的过程中,与学生进行交流,如何发现理论与实践的关系是他们常见的困惑。其实,法学理论与法律实践从来都无法被绝对分割。就如萨维尼所言:"每个理论研究者都要树立和增强实践意识,而每个实践者也都要树立和增强理论意识。否则,理论就会降格为空的游戏,而实践降格为单纯的技艺。"这也进一步要求我们在产出"拾穗"成果的同时,要关注如何成为合格的拾穗者,要将理论与实践紧密结合。既问收获,也问耕耘。

多看。走出去，多看看世界；留原地，多看看书籍。通过多看来了解法学的多种可能性，从而能够包容更多的看法和观点，感受法学理论的博大精深。

多思。这是一个信息爆炸的时代。在认识到多种看法和观点后，要学会从中择取有价值的部分，辨明是非，并能够生发出自己的想法与见解，具备选择的能力和勇气。

多用。法律的生命与经验息息相关。学以致用，将学习到的法律知识运用在现实生活中是赋予这些知识生命力的最好方式。

多敬畏。不断的学习和实践使我们日益熟悉法律操作，成为法律上的"熟练工"；但对法律仍应保持忠诚和敬畏之心，让其与头顶的星空一样熠熠生辉。

最后，希望当下或若干年后，当我们再拾起麦穗时，仍能从麦香中回忆起自己来时的路。

2018 级非诉法律实验班班级导师

朱晶晶博士

2021 年 12 月

目　　录

上 编

论第三人侵害债权的行为

2018 级非诉法律实验班　曾丽菲

　　想到写"第三人侵害债权的行为"的论题,是因为前些日子阅读王泽鉴老师的《债法原理》时,被其中一个第三人侵害债权的案例搞晕了,不懂为什么不能对案例中的第三人以其侵权行为,要求其进行损害赔偿。后来我查了一些相关资料,参阅了一些学术界的观点,这才对第三人侵害债权的行为有了一些新的、全面的认识。

　　首先,第三人侵害债权的行为,即债权侵权行为,是指合同外的第三人明知合同债权的存在,仍然故意以损害他人债权为目的,实施某种侵权行为,致使债权人的债权部分或全部不能实现并致债权人受到损害的行为。

　　第三人侵害债权问题最早源于英国的一个判例。1853 年,英国在其著名的 Lumley V. Gye 案例中确立了干涉合同关系的侵权行为。在该判例中,原告决定雇用著名的女演员 Johanna Wanger 在一部歌剧里担任主角,双方签订了合同,被告明知他们已经达成了协议,但却"恶意"引诱 Johanna Wanger 拒绝演出,并随被告参加其他演出。原告起诉被告侵权。法院判决原告胜诉。我认为,在本案中,原告与女演员之间订立了雇佣合同,且合同成立并已生效,双方在合同的法律拘束力下就应该履行各自的义务,即歌手进行演出且原告进行报酬给付,某方如果不能履行则要承担相应的责任。被告"恶意"引诱歌手违反约定,致使合同不能履行,损害了债权人的债权及相应的利益,而债务人的行为是由第三人的恶意导致的。由此,第三人应该为自己的恶意侵权行为承担相应的责任并做出赔偿。

持否定说的学者们认为,债的相对性使得债之关系只发生在债权人和债务人之间,而不对第三人有法律上的拘束力,所以第三人不构成侵害债权;又因为债权是相对权,侵权行为的客体是绝对权,并且因为债权的非公开性,债权只在债权人和债务人之间存在,第三人不能及时得知其信息,也不受其约束,所以不能认定第三人侵害债权的行为为侵权行为。

但是学术界也有不少学者认为,债权也是民法权利的一种,与人格权、物权一样,都应该处在同等的不可侵犯的地位,法律既然承认此权利,也就应该保护此权利。乍听上去确实应该是这样,但是这似乎又与债权的相对性和侵权制度保护的是绝对权相悖离。纯粹的否定说和纯粹的肯定说都有意无意地避开债权的相关性质来阐述自己的观点,其观点应该是不完善的。而在这两者之间,有一种新的折中观点,就是中国台湾学者王泽鉴老师认为的:侵害债权可以认定为侵权,但是请求权的基础不是"侵害权系侵害其财产",而是"故意以悖于善良风俗之方法加害他人的侵权行为"。

就像前面的那个案例,被告恶意引诱歌手违反合同,侵害债权人利益就是恶意违背善良风俗的行为。王泽鉴老师的这种观点在一定程度上承认了债权侵权行为,有利于保护债权,同时也不会对交易安全秩序和社会经济生活秩序造成不利的影响。其次,该主张巧妙地回避了债权相对性与侵权制度保护的是绝对权的矛盾之处,而从民法强调的不能违背善良风俗的角度来切入。但是在现实生活中,这种观点操作起来就比较困难,因为它只是宽泛地说明了侵害债权的认定标准,并没有详细的规则来说明什么样的行为就是违反善良风俗,所以不利于高效率地解决第三人侵权问题,并且给法官过大的自由裁量权,这不利于司法公正。

那么,第三人侵害债权的行为是否属于侵权行为呢?首先,我认为在一定条件上确实需要肯定这一观点,因为在实践中确实存在很多这样的行为,否则不仅不利于保护债权人的利益,并且会使有过错的第三人免于承担侵权责任,既不利于维护交易安全秩序,也不利于维护公平、公正的原则。但是承认这一行为属于侵权行为也必须在维护经济交易秩序的前提下,并且我们应该认识到债权作为相对权这一法则是毋庸置疑的,它不应该也不能随意被更改。我们可以从修改、改良的角度出发,进一步完善债的相对性的有关规定。而王泽鉴老师的观点就是比较折中地看待此问题,整体中心思想还是比较准确的。

然后,我们来简单地谈一下侵权行为。侵权行为,是指侵犯他人的人身财产、知识产权或者其他合法权益,依法行为人应承担民事责任的违法行为。侵权行为发生后,在侵害人与受害人之间就产生了特定的民事权利义务关系,即受害人有权要求侵权人赔偿损失。侵权行为的一般认定要件有四个:存在不法行为、产生损害事实、行为和事实之间存在因果关系、行为人主观上有过错。但是关于具体要件其实也没有明确统一的规定,这只是大多数学者所赞成的观点。

第三人侵害债权的行为与一般侵权行为又有所不同,所以其构成要件应该也有所区别,不应该以侵权行为中所要求的构成要件来判断第三人侵害债权的行为。但是因为没有统一的规定,所以也不好进行归纳。我曾翻阅过的一些资料显示,大概需要以下构成要件:(1)第三人实施了侵害行为;(2)被侵害的债权为合法债权;(3)侵害行为违法;(4)债权人债权受到损害;(5)第三人具有故意侵害;(6)侵害行为和损害结果之间存在因果关系。粗略看起来,这好像与侵权行为的构成要件没有很大的区别,但是在现实生活中有着细微的差别。在此我就不谈论两者的区别了,因为没有统一的规定,所以我也不太明白该怎么区分。

我认为,随着社会的发展,将第三人侵害债权的行为纳入侵权行为里是有必要的。理论上,这样不仅能够在一定程度上突破债的相对性的局限,更好地使之适应现实生活的新要求,有利于保护债权的效力,而且有利于在债权属于相对权的前提下使其与绝对权一样受民法保护,从而不断完善侵权行为法。在实际生活中也有着重大价值,比如可以更好地保护债权人的权利不受侵害,就像前文中英国的著名案例,在第三人恶意的情况下如果不让第三人承担相应的侵权责任,就容易造成各种不正当竞争,进而不利于维护交易安全和秩序。但是在归入侵权行为的过程中也存在许多问题,比如上文中提到的债的相对性、非公开性与侵权法保护绝对权之间的矛盾;在实际生活中怎么证明第三人的恶意和判断其行为是否违背善良风俗是很难的,也不容易证明第三人是否知晓合同双方当事人之间的合同存在;在归入侵权行为后法官裁决时到底是偏向违约责任还是侵权责任;等等。这都是需要我们解决的问题。

虽然在理论和实践中还存在种种问题,但是为了更符合实际需要,我认为还是应该尽快将第三人侵害债权行为归入侵权行为,并且对其相关构成要件进行规定。总的来说,第三人侵害债权行为会在一定程度上突破债的相对性,充分保护债权,有利于维护交易安全与经济秩序。综上所述,将第三人侵害债权行为归入侵权行为,是适应司法实践发展需要的。以上就是我关于第三人侵害债权行为的一些浅显看法。

直面弱点，砥砺前行

——读《人性的弱点》有感

2018 级非诉法律实验班　陈子琦

之所以选择记录这本书，是因为在当下社会里，我越来越难直面自身的不足与缺陷，总是紧盯着自己好的一面来麻痹自我，这样的行为愚蠢而可笑。但我不知如何去改变，故读此书并记录所思所想，愿于己能有所帮助。在这次记录中，我将以句子的形式来记录作者的文字带给我的思考与启发。

戴尔·卡耐基说："人就是这样，做错事的时候只会怨天尤人，就是不去责怪自己。"这句话其实简单易懂，却给我的心灵来了一记重击。回首看看自己十几年来的行为，发现绝大多数情况下自己都只是在抱怨，抱怨命运不公，抱怨自己天赋不足，抱怨他人不懂赏识！可实际上问题的核心往往不在于他人，而在于自己，但我总是不愿去直视自己的不足，只是一味地推卸责任。这样一来，只会不断固化自己的弱点，而无法实现自我完善和自我突破。

要如何去改变呢？曾子每日三省其身，想必他也是领悟了这层道理并将其投入真正的实践中，我们也应当效仿。不仅是在经历了某件事后才发现自己在某一方面的缺陷，平时也应当有所反思与改正，多审视自己的一举一动，发现暴露出来的自己的弱点，接着再去思考解决方案，想必这样也能对自我完善有所帮助。显然，寻找自身弱点也是有方法的，书中曾提到"一个人越在意的地方，就是最令他自卑的地方"。我想这句话对我而言是完全适用的，正如自己在做一件不熟悉的事情时，会处处小心。这正是因为自己对它不熟悉，所以才没有相应的自信,才会对这件事的每一个细节都格外注意。人在面对自己的弱点时也是这样,越是清楚自己的弱点,就越想要掩盖它,而不是弥补它,这也就使得自己在每次需要面对或可能面对自己的弱点时,表现出超额的关注与慌乱。观察自己这种表现,就可以快速地找到自己急需克服的弱点并加以改正。

"个人迈向成熟的第一步应该是敢于承担责任。"这是另一句令我印象深刻的话。我想,在我的学习、日后的职业生涯中,"不敢承担责任"都将是我要克服的顽固弱点。人的本性是贪图安逸,是自律让人们有了更多的超出了普通动物的追求,而责任的分担实际上就是要求自己在安逸和奋起中做出抉择,克服本性从来都不是一件容易的事,但若要走向成熟,走向可靠,克服自己身上的劣根性是必经的过程。一个能够承担起责任的人,就算他不能尽善尽美,他也至少会认真地对待每一个任务,会赢得周围人的尊重与欣赏,从而提升自己的综合能力。承担责任从来不是一件会受纯负面影响的事;相反,它必定会给自己带来某些方面的锻炼与提升。因此,学会承担责任是我们必须要去做的事!

在生活方面,书中的话语依旧给了我很大启发。他说:"不要忘记快乐并非取决于你是什么人,或你拥有什么,它完全来自你的思想。"这其实是在告诫我们不要被外界的纷扰玷污了内心。很多人在社会中艰难前行,到最后却完全要依赖社会才得以存活;简单来说,就是他人的评价成就了他。显然,这样一种生存方式是可悲的,个人虽不能脱离社会,但成就你的应当是你自己,而非他人之目光。外在的地位、名誉、声望都不能代表真正的自己,那只是外界对你远观的定位,而真正的自己,应当通过自身的思考去挣脱那些尘埃束缚,发现那个真正的质朴的内心。只有当自己能认清自身了,你才会对世间一切事物的发生有着期待、好奇和相应的喜悦,才不至于陷入追名逐利的旋涡中,才不会依赖他人的赞扬获得虚假的快乐。快乐应当是通过自己去听、去看、去感受而得到的,是源自内心的、由衷地体会到的那种干净而纯朴的喜悦。

总的来说,《人性的弱点》这本书中的提示与建议有着极强的可操作性,用一句话来概括就是:当认清人性中的弱点后,我们在办事的时候针对这些弱点下手,就会事半功倍。卡耐基的智慧结晶无疑为我们打开了一扇认知的大门,书中的话语绝不仅仅是对生活哲理的阐述,更是对人性的剖析。只有认清并正视自己的弱点,我们才能更好地完善自己,更好地把握自己的命运!

社会政治重建与宪法法院及宪法法官的职责

——读奥比·萨克斯《断臂上的花朵——人生与法律的奇幻炼金术》

2018 级非诉法律实验班　陈智颖

《断臂上的花朵——人生与法律的奇幻炼金术》是南非宪法法院大法官奥比·萨克斯对自己宪法人生的一个写实和总结，也是其对所处时代的宪法政治运作的法理思考。和那些身处常态社会中的专事宪法审查的宪法法官所不同的是，萨克斯身处社会政治重建的南非。南非于 1994 年开始脱胎换骨般地进行社会政治重建，尽管奉行了几百年的种族隔离政策和种族主义已经正式被扫入历史垃圾堆，但其给南非社会所带来的巨大创伤，若非长期持之以恒地借助法律智慧、政治智慧和社会智慧来合力医治，是不可能有效医治的。正如曼德拉所说："种族隔离政策在我的国家和我的人民身上留下了深深的、持久的伤害。我们大家要从深深的伤害中得到康复，即使不需要花费几代人的时间，也可能要花费许多年的时间。"问题不限于此，关键的问题是，南非社会政治的全面转型，除了需要过去的受害者同意之外，更需要获得那些会被一个"基于自由与平等的民主社会"给威胁到的人的首肯。这就意味着南非的全新宪法政治如果不能杜绝复仇与报复的持续发生，受到新宪法秩序威胁的人就可能不支持新宪法秩序，新旧恐惧和愤恨的叠加，将会联手摧毁南非宪法所构筑的历史桥梁。也正因为如此，身处这一巨变中，执掌国家宪法解释牛耳的宪法法院法官们，尤其需要付出更多的宪法政治智慧，通过宪法裁决机制，"需要了解而非复仇，需要修复而非报复，需要共生而非单纯寻找替罪羊"，从而为南非走向真正的历史和解贡献自己的力量。

南非社会政治重建所面临的挑战，都是扔给宪法法院的"白手套"。一个本来几乎要沦于种族相互屠戮悲剧的国家，偏偏建构起了民主宪政体制，这是人类治理史上极为罕见的奇迹。既然宪法法院在此历史语境中必然以积极建设者的身份参与到这一伟大历史进程中，那么，大法官们就必须依循"理性与正义"，经由对具体宪法诉讼所涉猎宪法理由的阐发，依托对具体个案中的事实之理序，勾勒其中所蕴含的规则和原则，在此基础上阐述并坐实宪法意旨。在萨克斯看来，宪法法院的这项日常制度作业，"有助于建立社会的基本价值观，并且树立我们的民主宪政的特色"。因此，如果我们承认南非的社会政治重建是在建立一个具有共同政治认同并塑造共同记忆的法律帝国的话，那么宪法法院的大法官作为这个法律帝国的帝王，其全部的制度作业就必然是给这个处于重建的政治社会提供唯一正确的法律答案。从这个意义上来说，宪法法院大法官们的制度作业也必然通过勾勒宪法的微言大义来提供更具有准确性的制度答案。

制度转型和社会政治重建千头万绪，尤其是把一个将极端不平等视为理所当然的几近于彻底撕裂的社会转型为一个以民主宪政来安顿自由和平等的诉求，并着力于建造理性、正义、人性尊严的保有为根本价值寄望的常规社会，更是极其不易。借用图图大主教的说法，"谁也没有那样的魔杖，可以让新制度的设计者手执着挥舞、嘴里念叨着'嘿，快变'，就会把南非在一夜之间变成到处流淌着鲜奶和蜂蜜的王国"。因此，就宪法法院及其大法官来说，他们的基本职责便在于调理案件事实和宪法规则之间的积极互动，保持人世和法意之间的畅通，从而构造出一个以人性尊严为最终价值诉求的和谐有序的规则世界，为从巨大断裂向史无前例的融合进化的南非人世生活提供一个可以充分诉求和安身立命的意义世界。从这个意义上来说，伟大法官之所以堪称伟大，也是因为在这样一个无法一夜之间建成人间天国的现实世界中,在提供给人世以为行为价值导引的宪法先期承诺和实际效果之间存在着若沟壑般的距离而无法一下子跨越的情景中,在宪法价值期望在现实层面上的落实需要逐层次的规范意涵延伸予以渐次安顿而总不免颇多缺憾,并有可能制造新的社会怨忿不满的纠结中,他们必须经由宪法解释的匠心,筚路蓝缕,精心编织出一张足以安顿人世生活的意义之网,使规则成为人们据以行为和做出价值判断的最终坚实基础。

另一个老人

——读《相约星期二》有感

2018级非诉法律实验班　蒋叶涵

　　世界上有数不清的老人死亡，或因为一场意外，或受自然规律的限制。生老病死是人间常事，可真正面对死亡的时候他们还剩下什么？是被命运支配的恐惧、不安，还是对这一辈子的感叹与遗憾？于是，冥冥之中，大家都在期待着另一个老人，他不太重要，不必在临终之时承担太多的外界使命；他应该很智慧，有能力在生命的绝壁上居高临下地俯视众生；他应该很了解世俗社会，可以使自己的最终评判产生广泛的针对性；他有可能系统有序地说完自己想说的话，就像一个教师在课堂里一样——那么对了，这位老人最好是教师，即便在弥留之际也保留着表述能力，听讲者，最好是他过去的学生……

　　这种期待，来自多重逻辑推衍，但他果然出现了，出现在遥远的美国，出现后又立即消失。一切与人们长久的期待相契合。他叫莫里·施瓦茨，是社会学教授，其职业和专业与我们的期待简直天衣无缝。他已年迈，患了绝症，受一家电视台的"夜线"节目采访，被他十六年前的一名学生，当今的作家、记者米奇·阿尔博姆偶然看到。学生匆匆赶来见老师最后一面，而老师则宣布要给这名学生上最后一门课，每星期一次，时间是星期二。这样的课程没有一个学生会拒绝。于是，每星期二，这个学生坐飞机飞行七百英里，赶到病床前去上课。

　　翻阅这份听课笔记时我还有一点担心，生怕这位叫莫里的老人在最后的课程中出现一种装扮——病危老人的任何装扮。不管是稍稍夸张了危急还是稍稍夸张了乐观，都是可以理解的，但又最容易让人不安。

令我感到惊讶又释然的是，莫里老人没有掩饰自己的衰弱和病况。学生米奇去听课时，需要先与理疗师一起拍打莫里的背部，而且要拍得很重，目的是拍打出其肺部的毒物，以免肺部因毒物而硬化，不能呼吸。请想一想，学生用拳头一下一下重重叩击病危老师裸露的背，这种用拳头砸出最后课程的情景是触目惊心的，没想到被砸的老师喘着气说："我……早就知道……你……休想打我!"学生也很快接过老师的幽默，而所有的教学都在这种轻松的氛围中进行。

莫里豁达、乐观的人生态度，健康的心态，让学生米奇深受感染，于是整本书行文幽默风趣，思维灵动活泼。必修课之外，莫里教给学生的是学术之外的十四个哲理。当这个老人美滋滋地体验死亡的时候，更觉得有许多重要的问题需要告诉学生和社会。各种大问题，正是对人类文化的告别性反思，而"需要与想要"则是其关键。莫里老人说："拥有越多越好，钱越多越好，财富越多越好，商业行为也是越多越好，越多越好，越多越好。我们反复地对别人这么说，别人又反复地对我们这么说，一遍又一遍，直到人人都认为这是真理。大多数人会受它迷惑而失去自己的判断能力。"他道破了美国教育文化的主要弊病，然而在地球的另一端，经济依旧蒸蒸日上的中国，近些年才开始关注文化产业的发展，从《中国诗词大会》到《朗读者》，文化类综艺节目的盛行让中国国民感到欣慰，可盲目尊崇西洋文化的虚名追逐何时是个尽头？中国人不过洋节的论调又是否正确？其实躲避文化灌输并不是解决问题的根本方法，实际上躲也躲不开。躲不开还在躲，那就是虚伪。莫里说唯一的办法是不要相信原有文化，为建立自己的文化而努力。可我觉得并不尽然，抛开中华上下五千年文化，我们何以扎根立足？

这样一位社会心理学教授，在他最后的时光里，与他的爱徒"谈天说地"，从世界谈论到死亡，由一个人的最低需求讲及最高需求。如果他还有完全健康的一天，莫里的安排是这样的："早晨起床，进行晨练，吃一顿可口的、有甜面包卷和茶的早餐。然后去游泳，请朋友们共进午餐。我一次只请一两个，我们可以谈他们的家庭，谈他们的问题,谈彼此的友情。

"然后我会去公园散步,看看自然的色彩,看看美丽的小鸟,尽情地享受久违的大自然。

"晚上,我们一起去饭店享用上好的意大利面食,也可能是鸭子——我喜欢吃鸭子——剩下的时间就用来跳舞。我会跟所有人跳,直到跳得精疲力竭。然后回家,美美地睡上一个好觉。"

真是令人惊讶,这样的一天再简单不过了。可在尝遍人生所有乐事后,还将自己的一天这样安排,又是一种看遍世事的坦然。若让我仔细思考这个问题,会是电影、美食、音乐或者学习。莫里最好的一天是惬意的、轻松的,莫里的一天可不能让一名肩负重担的大学生的我全盘照抄。早晨睡一个小懒觉,晨练后和室友们一起吃早饭,再去图书馆泡一个上午,下午再与小伙伴宅在宿舍里,收拾收拾自己,晚饭一定要有仪式感,健身或者其他娱乐都很让人愉快。

老人在最后的课程中,一遍遍重申人生中最重要的是学会如何施爱于人,并去接受爱。

爱是唯一的理性行为。

相爱,或者死亡。

没有了爱,我们便成了折断翅膀的小鸟。

莫里老人对爱的呼唤,总在强调社会的针对性。

在这个社会,人与人之间产生一种爱的关系是十分重要的,因为我们文化中的很大一部分并没有给予你这种东西。要有同情心,要有责任感。只要我们学会了这两点,这个世界就会美好得多。给予他们,你应该给予的东西。

把自己奉献给爱,把自己奉献给社区,把自己奉献给能给予你目标和意义的创造。这是全书里我最喜欢的一句话——"爱是唯一理性的行为"。我们要乐于奉献自己的爱,同时也要勇于接受别人的爱。可是身处这个社会,我们不能毫无戒备、无条件地接受别人表面的爱,可能最后伤害的就是自己。"8·24乐清女孩乘车遇害案"让我们看到了产业垄断、运营制度背后的隐患,这如何让人们大胆去爱、大胆被爱?制度的更迭、完善,人性的回归,至关重要。

　　莫里甚至连自己的墓地都想好了。学生打趣道:我会去,但到时候听不到您说话了。

　　莫里笑了,说:到时候,你说,我听。

　　山坡上,池塘边,一个美丽的墓地。课程在继续,老师闭眼静躺,学生来了,老师早就嘱咐过:你说,我听。说说你遇到的一切麻烦和问题,我已做过提示,答案由你自己去寻找,这是课外作业。

　　境界,让死亡也充满韵味。

　　死亡,让人生归于纯净。

　　就像书的封面上写的:一个老人,一个年轻人,和一堂人生课。莫里老人做到了与死亡讲和。他这样的人生课,福泽了更远大地上的人们,这门课仍在继续,他告别的姿态还印在脑海。

"实现正义,哪怕天崩地裂"

——读《看得见的正义》有感

2018 级非诉法律实验班　傅宇星

康德说:"在这个世界上,有两样东西值得我们仰望终生:一是我们头顶上璀璨的星空;二是人们心中高尚的道德律。"每当夜晚,望向浩瀚的夜空,看着头顶上点点闪烁的繁星,总是有两个想法涌进我的脑海,让我不禁思索:何为正义?怎样才能实现正义?在这本书里我找到了答案:实现正义,哪怕天崩地裂。作者怀着对正义的敬畏与渴求,通过对格言的解读,以一个个案例、故事、论断,娓娓道来、旁征博引,书中少有那种动辄鼓吹制度改革的激情和煽动,多了一些经过时间积淀才有的沉静与从容。

"正义不仅要实现,而且要以人们看得见的方式实现",司法正义的核心也就是程序上的正义,而程序正义在很大程度上又属于"看得见的正义"。作者通过讲学、调研等多种途径,与一些地方的法官、检察官、警察、律师进行了较为广泛的接触。《看得见的正文》是其法学的随笔集,后经过作者整理出版,通俗易懂。书中提到,面对中国人长期存在着的"重实体,轻程序""重实体,轻权利",甚至"重国家,轻两造"的传统和文化,实在需要引进或提出一种与之完全不同的理念,使之对中国人的思维定式和价值追求形成强烈的冲击。或许,接受那种为英美人所坚持但不为英美人所垄断的程序正义观念,对于中国走向法治之路是有益的。《看得见的正义》一书重点介绍对程序正义的论述,什么是程序正义,以及如何实现程序正义,还有中国司法实践中的弊病、弊端,其内容与刑事诉讼法和民事诉讼法的内容更为贴近。

一、我国的程序正义的评述

《看得见的正义》一书先阐述了在民事诉讼法中关于程序的相关规定,重点在于民事诉讼的基本制度和民事诉讼的基本原则,接着又阐述了刑事诉讼法中的相关制度,同时指明了其中制度设计的弊病和疏漏,以及实践中对司法公正产生损害的情况。作者直抒胸臆,对其进行了指摘和批评,而我也将发表自己的看法。

(一)外观上的正义

中国古代有一首《君子行》的诗歌:"君子防未然,不处嫌疑间。瓜田不纳履,李下不正冠。"根据"自然正义"的法则,任何人不得做自己案件的法官,然而从中国古代期待"包青天式"的大义灭亲的人物来看,担任与自己有牵连的案件的裁判官,不仅不被谴责和禁止,而且在一定情况下还得到容许和鼓励。然而《民事诉讼法》的第四十七条,详细规定了回避制度。在此,法官能否做到实体正义并非其关键,关键是在表面上做到使人信服的公正,这就是外观上的正义。美国学者贝勒斯将这种外观上的正义视为程序正义的一项独立要素。而我认为让一个人在陷于法律和道德之间的两难境地的情况下做出公正的裁决,要求其基于内心的准则做出大义灭亲、铁面无私的举动,显然是强人所难的理想化状态。这种外观上的正义,不仅仅是使大众对司法公正感到安心的征兆,更是使实质正义更大概率得以实现的法律制度设计。

(二)透明性的欠缺

透明性并非审判公开制度的本来要求,然而不具有透明性,审判的公开也就毫无意义。审判公开,又被称为形式上的公开,而裁判的透明性则被称为实质上的公开。公开审判原则源自《民事诉讼法》第一百二十条,然而实践中却充斥着形式化的意味。而作者认为这主要源于法院内部的"暗箱操作"问题,并指出了其具体表现。我认为要真正实现司法的公开性和透明性,并非单纯地依靠审判公开制度这一程序正义,要减少那种靠宣读提前制作好的证人笔录的现象,应传唤证人、鉴定人出庭作证;减少法官对于控方案卷的畸形依赖,法官应通过对举证、质证、询问的分析,做出自己的判决,让透明化不再只是一纸空文。

(三)非法证据

1. 非法证据排除规则

我国《刑事诉讼法》第五章第五十六条对非法证据的范围做出规定:"采用刑讯逼供等非法方法收集的犯罪嫌疑人、被告人供述和采用暴力、威胁等非法方法收集的证人证言、被害人陈述,应当予以排除。收集物证、书证不符合法定程序,可能严重影响司法公正的,应当予以补正或者作出合理解释;不能补正或者作出合理解释的,对该证据应当予以排除。"所以,采用刑讯逼供等非法方法收集的犯罪嫌疑人、被告人供述和采用暴力、威胁等非法方法收集的证人证言、被害人陈述,均属于非法证据。收集物证、书证不符合法定程序,可能严重影响司法公正的,且不能补正或者作出合理解释的属于非法证据。

然而,在司法实践中非法证据能否被排除于法庭之外,这一点在司法界并未形成普遍认识。自 2010 年最高人民法院实施非法证据排除规则以来,各级法院真正将公诉方的非法证据予以排除的案件实属罕见。且根据刑法的规定,侦查人员在侦查询问中对嫌疑人采取刑讯逼供的行为,造成严重的法律后果的,才构成刑讯逼供罪。而所谓"严重后果"通常是指造成了嫌疑人严重人身伤亡,或者酿成了严重的冤假错案,然而如果既没有造成人身伤害或死亡,也没有造成冤假错案的发生,那么这样的刑讯逼供行为并不会得到刑法的追究。也就是说,大多数的刑讯逼供行为并不会受到法律的制裁。而在一些"大案要案"中,警察通过一定程度的刑讯逼供使案件迅速侦破,不但不会被追究责任,反而会得到一定程度的奖赏,从而得到职务晋升的机会。其中便反映了我国"重实体、轻程序"的倾向,以及注重职业利益,忽视正当行为的选择。

2.非法证据不应采纳

如果非法证据是定罪的关键证据,我认为不能一味地本着对事实负责的原则而采纳。不可否认,在某些案件中非法证据的确能够反映案件事实,甚至采用刑讯逼供的方法能够极大地提高办案效率、节约办案成本。但是,非法证据极有可能歪曲事实,而刑讯逼供更是极大地伤害了犯罪嫌疑人的人权,是公权利对私权利的随意侵犯。

这样的惨案屡见不鲜。丹凤县高二女学生彭莉娜在丹江边遇害,犯罪嫌疑人徐梗荣被警方传唤并刑事拘留,因刑讯逼供,在审讯过程中,徐梗荣突然出现脸色发黄、呼吸急促、脉搏微弱等情况,被送到县医院因抢救无效死亡。而因"抗议法院违法执行"获重刑的杨金德接受的刑讯逼供手段更是离奇:竟被关入笼子"与狼共舞"。随意逮捕嫌疑人,对其采用极端的审讯方式,不仅极大地损害了其生命权、健康权和名誉权,更破坏了法律在人们心中象征着的公平正义的形象,损害了法律至高无上的权威。草菅人命、践踏人权,这不应该出现在一个民主国家。如果不排除这些非法证据,就会导致刑讯逼供现象普遍存在,更会导致一些清白无辜的人平白被扣上罪犯的帽子,失去其人身自由乃至生命。如果不排除非法证据,就会导致查证程序混乱,最终收集到的证据严重背离案件事实,不利于和谐有序的司法程序的建立,也不利于依法治国的全面推进。同时,如果警方在查证过程中肆意妄为,使用暴力胁迫手段,甚至做伪证,不利于其在人民心目中树立良好的形象,极大地破坏了其权威性,不利于其工作的有效开展和权力的行使。并且刑事的惩罚方式比民事来得更为严厉,因此宁愿放过一群坏人,也不能冤枉一个好人。

罗马法时代有一句著名的格言:"任何人不得从其不法行为中获益。"警察通过刑讯逼供,迅速将犯罪分子"绳之以法",从而获得职务晋升以及相应的褒奖,最大限度地实现了其职业利益,这不就是从不

法行为中获利吗？而让一种不法行为获利,却不对其获利行为进行
剥夺和惩治,这显然是有违实质正义和侵害法益的,不能让非法证据
排除规则成为一纸空文。让非法证据排除规则真正落到实处,任重
而道远。

(四)如实回答的义务

在英美法系中,被告人享有沉默权,那些当庭保持沉默的被告
人,实际被免除了证人的角色,不必再如实承担作证的义务,但同时
也放弃了亲自行使辩护权的机会,这相当于赋予了被告角色选择的
权利。诉讼角色大体上有三种选择:一是做出有罪的供述;二是保持
沉默;三是做出无罪的辩解。相比之下,中国刑事诉讼法在承认被告
人双重诉讼角色的同时,既没有赋予被告人沉默权,也没有给予被告
人当庭说谎的权利,而是通过"认罪态度"这一量刑情节的设定,对保
持沉默和当庭说谎,确立了惩罚性后果。

罗马时代曾出现过这样的法律格言:"任何人在自己的案件中都
不被视为可靠的证人""任何人都不得证明其有罪"。作者认为无论
是选择何种诉讼角色,被告人都要拥有选择的自由,而不应被强迫选
择其中的某一诉讼角色。但是这样一来,必然会导致司法效率低下,
不利于实体正义的达成。所以我认为被告应当有如实回答的义务,
以促进案件的快速解决。

二、程序正义与实体正义

前任美国联邦最高法院大法官佛塔斯说:"宪法性程序是我们文
明社会的核心、良心和灵魂。"书中提到美国人这种对法律程序的偏
爱,显然是"重程序,轻实体",它与中国传统的"重实体,轻程序"是两
个极端。英美普通法对于程序的极端强调早在 13 世纪就已出现。
1215 年在英格兰国王颁行的《大宪章》中的第三十九条规定:"除非经
由贵族法官的合法裁判或者根据当地法律,不得对任何自由人实施
监禁、剥夺财产、流放、杀害等惩罚。"而英国对程序正义的观念在美

国《联邦宪法》中得到继承和发扬,其中的第五条和第十四条修正案均规定:"未经正当法律程序,不得剥夺任何人的生命自由和财产。"英美普通法中对于正义的极端追求,和我国"重实体,轻程序"的冲突,让我不禁想到轰动一时的"辛普森案",程序正义与实体正义的极端冲突和选择,在本案中有了鲜明的体现。而中国的"杜培武案"则严重违背了程序正义,从而妨碍了实体正义。

(一)"辛普森案"

美国著名的橄榄球星O.J.辛普森被指控杀害其前妻和她的男朋友罗恩·戈德曼,虽然警方已经掌握了足以证明辛普森杀妻的证据,却因为警方非法搜证的行为以及其所制造的伪证违反了刑事程序,加上所得证据并未有效保存,使得陪审团裁定将辛普森无罪释放。而涉嫌因带有种族歧视色彩而做伪证的警官戈德曼因伪证罪被判有期徒刑三年。此案的法律事实是显而易见的,几乎可以判断是辛普森实施的犯罪,若从结果的正义角度来看这显然有违正义,但从程序正义的角度来看这是完全合理与正确的。

(二)"杜培武案"

杜培武因故意杀人罪于1999年2月5日被昆明市中级人民法院一审判处死刑,剥夺政治权利终身。他因不服提起上诉后,1999年10月20日被云南省高级人民法院以故意杀人罪终审判处死刑,缓期两年执行,剥夺政治权利终身。在"杨天勇特大抢劫杀人团伙案"告破后,2000年7月6日杜培武又被云南省高级人民法院再审改判无罪,当庭释放。据杜培武的陈述,他遭到了办案者十分野蛮、十分残酷的刑讯,其超出人的生理、心理忍耐极限,杜培武在酷刑下被迫承认自己实施犯罪。其间不仅仅是审讯过程中存在的刑讯逼供,裁判书中也在违背无罪推定原则的同时,背离了"谁主张谁举证"的原则,严重违反了程序性的规定,从而严重侵犯了实体正义,所以遵守程序正义,能够在更大程度上维护实体正义。

(三)程序正义与实体正义孰轻孰重

程序正义与实体正义的价值是同等的,没有孰轻孰重的区分,两者均为最终的法的正义服务,相辅相成、相互补充、相互促进。实体公正是目的,而程序公正是达到实体公正所追求的目的的手段。程序公正促进实体公正的实现,而实体公正为程序公正提供了最终的追求和目标。所以,很难简单地衡量两者谁的价值更大,只能说它们对于正义的实现同等重要。实体公正离不开程序公正,程序公正也离不开实体公正。

当程序公正与实体公正不一致时,我认为应侧重于程序公正。首先,程序公正是正义的保障。英美法系一向注重程序正义,而中国法律体系在过往的办案过程中显然对其有所忽视。在中国历史与传统中,人们往往期待着一个"包青天"式的人物,他能凭借个人的能力与智慧实现最终的正义。但在实际生活中,不是每一个司法人员都有那样的智慧,也不是每一个人都能有效约束自己的行为。在程序的指导与监督下去展开司法活动,更有利于实现最终结果的正义,并且程序正义更有利于法治中国的建设。通过程序正义,减少刑讯逼供的发生,减少冤假错案的产生,用程序来约束公权力,减少其对私权利的损害,在最大程度上保护主体的私权利。如,英美法系中的无罪推定原则和"米兰达规则"。正如美国大法官威廉姆斯·道格拉斯所言:"权利法案的大多数规定都是程序性条款,这一事实并不是无意义的,正是程序决定了法治与恣意的人治之间的基本区别。"只有注重程序正义,才能有效规范公权力,才能真正实现依法治国,减少像杜培武那样的悲剧,让法律的权威和尊严不再被肆意践踏,让法的正义价值真正散发出耀眼的光芒。

三、结　语

阅读《看得见的正义》一书,我感触颇深。正义是法最重要的价值之一,也是每一个时期每一部法典所追求的终极目标,然而正义却不是那么容易达到的。在中国的司法实践中,法官、检察官所具有的公务员和行政官僚身份,事实上,比所谓法律人身份重要得多,要维持良好生存和不断升迁,就不可能一味地按照法律人的思维来使用法律处理案件。而长期在法律服务市场经历风浪的律师,则越来越可能以一种精明的商人和经营者的角度,来建立社会关系,拓展生存空间。真正以正义作为根本价值追求和行业准则并非易事;然而,如果不能追求正义,不能实现人们心中的价值准则,那法存在的意义又何在?所以,为了实现正义,需要更好的制度建构和实践规范真正落到实处,并以此为价值目标而不断追求,所谓"实现正义,哪怕天崩地裂"。

幽冥法文化的现实价值

2018 级非诉法律实验班　王培培

　　《看不见的正义——幽冥文化中的"法"观念》是西南政法大学行政法学院郭忠老师的一部法学著作。此书由中国政法大学出版社出版,主要介绍幽冥法文化,例如冥界的冥府集司法职能和行政职能于一体、冥府官吏的职能与任用、冥府的审判和阴律以及阴律的适用等问题。这本书非常有意思,在我们惯有的法律概念范围内,又打开了一个新的视角,为我们介绍了冥界的法文化,让我们恍惚产生一种平行世界的感觉。

　　什么是幽冥法文化呢? 不论是在法理上还是在生活中,我们所关注的法文化,一般是指和某具体法律制度相结合而存在的法文化,这种文化包含物质和意识两个层面的存在意义。在物质层面,主要表现在法律的机构和设施、法律的文本和制度等方面,呈显性存在;在意识层面,即体现在人们对法的认识、思考和研究中,也体现在人们法律行为的心理惯性和行为习惯中,呈隐性存在。但是幽冥法文化与这种法文化不同,它的主要组成部分是阴间法律,简称阴律,其核心是因果定律。在冥界,冥府的审判以及冥律的适用,全部围绕因果报应、六道轮回这一个宗旨进行。总体来说,幽冥法文化是一种意识和观念层面的隐形法文化,没有任何存在形式,仅仅存在于意识之中,但其又有法的意义。因为在现实生活中,它对人们的行为有着某种程度上的指引与约束。

　　与以因果报应规则为理据的阴间法律相对的是一套以国家意志

为规则的阳间法律,也就是我们普遍认识的法律文化概念。前者并非由国家制定和被认可,其规则和法律后果只是通过民间信仰传播,威慑力只存在于观念中,并且随其信仰的深浅,产生不确定的影响力。而后者以国家强制力为后盾,以明文规定的权利义务为内容,若违反,则会产生直接的法律后果,因此其法律威慑力也是显而易见的。

阴律规范虽然没有具体的法律形式,但其存在于人的观念中,对人的行为有着重要的指引、预测、威慑和教育等作用,同国家法一样对社会秩序起到有效的维护作用。阴律的这些作用主要体现在惩恶扬善、因果报应方面。对于信仰者来说,违反阴律者永远不可能逃避惩罚;而对于善行,其果报不仅惠及自己,也惠及子孙。因此,人们出于对阴律惩罚后果的畏惧和福报的向往,阴律规定对人的行为具有指引、预测、威慑和教育等作用。

相对于国家法律来说,阴律规范具有不可忽视的弥补作用。首先,国家法存在一定的局限性。比如在立法方面,立法者能力的有限性致使国家永远无法制定出毫无漏洞的法律;法律的实施必须依靠人的监督,法律事实的查明也必须以真实可靠的证据为前提;法律的制裁只能惩罚行为,而无法制裁恶的心念。由于这些局限习惯的存在,国家法对人行为的激励效果大打折扣。但是阴律规范的存在,从根本上扼杀了人的恶念的萌发,使人的行为从最开始就是符合行为规范的。

幽冥法文化是仿照现实社会中法文化而产生的一个体系,也是现实社会的一个映射。因为幽冥法文化的提出是基于各类关于鬼神传说的历史记载,而这些历史记载的撰著者也是基于当时的社会状态想象的。艺术源于生活,这些小说传奇为现在幽冥法文化的提出积累了大量的素材。而幽冥法文化在现实生活中的作用,如同国际法、宗教信仰、道德、习俗等,都具有教育、威慑、指引等作用,并且它们的存在都有一个共同的目的——提高人们的道德素质,维持社会秩序,维护国家安宁。

当我们学习法律时我们渴望
成为什么样的人

——读《法律职业的精神》有感

2018 级非诉法律实验班　吴润其

　　《法律职业的精神》一书，是我大一在律师事务所实习结束时，一位比我年长几岁的大哥哥临别时送我的礼物。他送了我很多书，这是其中最为特别的一本。这本书不厚，一年多的时间里，我读了好几遍，每每打开我都会觉得热血沸腾，每每读起来我都会更加明确自己要成为一个什么样的法律人。

　　要理解法律职业的精神，我们就必须探求法律的起源究竟是什么，而法律职业又是以一种怎样的姿态出现在历史的舞台上。根据西方传统的观点，现代法律脱胎于自然法，在我的理解里，自然法是依靠人的天性与长时间相处产生的默契所共同形成的一种行为准则，这是一种超出本能，但又远远达不到道德标准的"法规"，在人与人之间联系并不密切的时期，这些粗略的准则基本就可以满足冲突解决的需要了。所以，事实上在那个时候，并不存在所谓的"法律"概念。生存的需要迫使人们联合起来，形成一个组织。为了彼此间更好地合作，每个人舍弃部分利益，形成所谓的社会契约。从这一范畴上来说，人与人之间有了较为清晰的行为准则，法律的雏形日益显现。真正意义上的法律诞生于古罗马时期。随着帝国疆域的扩展，人们开始寻找所有法律的共同原理，一批博学的智者归纳汇总出成文法条，真正的法律因此而诞生；与此同时，法律职业也应运而生。

　　我总是在思考：法律职业者工作的意义究竟是什么？书里的答

案我是十分赞同的：法律的内涵往往不能被普通的百姓所理解，再加之他一旦被指责为犯罪就会显得更为慌张，这个时候一个在当地受到尊重的智者就会被推选出来，为这个人进行辩解。这逐渐形成一种新的法律职业，也就是我们现在所理解的律师。事实上，当我们重新审视这一段历史时，律师是作为一种帮助者的身份出现的，这既是实体正义的需要，也是程序正义的需要。我前两天有幸参加了一次讲座，主讲的律师曾经有过检察院工作的经历，他说的一句话让我印象非常深刻："大家总是认为检察官是正义的化身，而我们律师是帮犯人逃避制裁的。"平心而论，这的确是很多人对律师，尤其是刑辩律师的第一印象。然而我们换一种视角，从正义的角度出发，我们会发现当我们为"犯罪嫌疑人"进行辩护时，也同样是在捍卫正义。程序正义和实体正义究竟谁更重要的话题，争论了很久。然而不可否定的事实是，在一个人没有被审判之前，他永远只是以嫌疑人的身份出现，没有人可以剥夺其为自己辩解的权利，司法机关应当扮演中立者的角色，尽可能减少主观判断。程序正义要求审判过程的公正性，实体正义允许每一个诉讼主体实行其正当的权利，得到应有的结果，而这些都离不开控辩双方实力上的均势。从这个层面去理解，我们又为何用"正义与不正义"去简单定性一个职业本身的价值呢？

然而，如果我们就只是简单地把控辩双方看作一组对抗的关系，那么我认为这是对法律本身的亵渎。双方之间所谓的对抗关系，在我看来更像是一种为了达到公平正义的合作。"以事实为依据，以法律为准绳"，不仅仅是司法裁判层面应当考虑的，而是每一个法律工作的从业者都应当有这样的意识。我一直认为，衡量一名法律职业者是否合格的标准一定不只是他的法律知识储备或是能言善辩的口才，尽管这些都是一名优秀的法律工作者所必须具备的品质，然而我认为其中最重要的一定是对于真相的探寻。一名好的律师不应当以为罪犯成功脱罪而感到骄傲，一名出色的检察官不应当简单地以庭审的胜利而感到光荣。所有的法律工作者努力的方向一定是如何尽可能地还原真相，而不是为了达成某种目的去试图掩盖真相。坏人逍遥法外，好人蒙受冤屈，都是对我国法律体系的一种践踏，是所有相关法律工作者的悲哀。所以我说控辩双方更像是一种合作关系，我所说的合作不是指他们为了达成某种结果而产生类似于契约关系般的合作，而是一种无形的来源于彼此对抗的合作。事实上，当我们站在不同的视角，对于同一事物往往会有不同极端化的理解；而对抗的目的正是在于纠正彼此的某种极端，趋向于正确客观的事实认定，这就是我所谓的合作，而这样合作的目的事实上是出于公平正义的需要，要想践行法律的精神，这样的过程是不可或缺的。

综观全书，我之所以说我热血沸腾，是因为我在这本书中看到了很多的抗争。事实上，我认为抗争史是这本书的一种主旋律。"人治与神治的抗争""司法权与王权的抗争""殖民地人民的抗争"……我曾经看到过这样一句话："每一个法律人心里都有一个理想国吧。"当我们明白了这句话时，我们就真正理解了这些抗争背后的原因。民主法制建设的基本要求就是司法权和行政权的彼此独立，今天我们所有人都明白分权制衡的重要性，然而这些制度得以推进的背后，又是多少有着法律信仰的人不断抗争的结果啊！我一直坚信，每一个从事法律相关行业的人是要有法律信仰的，这种信仰是对于心中理想国的追求，是对于心中朴素正义观的坚守。法律的学习是枯燥的，一个没有法律信仰的人是不会有足够的决心坚持下去的。法律职业的精神，一定难以独立于法律信仰的存在，当心中的理想国与现实生活不符时，法律职业精神才显得更为难能可贵。没有信仰的人，往往选择随波逐流，同流合污，沦为恶人的帮凶；有信仰的人歇斯底里，不愿意妥协，试图谋求改变。这样的人伟大而痛苦。我看过一些法学人士，他们在谈及社会热点事件时往往痛心疾首，甚至落下了眼泪。原本温文尔雅的书生，之所以有这般表现，难道不是因为坚守法律信仰吗？"如果有一天，你无力抵御沉沦，沦为鹰犬，逆行在法治的道路上，母校将会喊你回家——去'抄宪法'。"我很喜欢这一句话，法律永远不是任何人的手段，法律人永远不应当是"法律的背叛者"。有的时候，坚守信仰，固然会让人失去很多物质财富、地位，但这些本身并不能决定一个人是否幸福，迷失的人注定一生贫瘠，有信仰的人才拥有真正的财富。

"法律人不仅是法律的代言人，还是人类灵魂的发言人。"这是被写在书里的一句话。只有一百多页的薄册子，实在没有教给我什么法律的知识，但是让我对法律职业有了更深层次的理解。法律究竟是什么，法律人究竟应当扮演什么样的角色，这些问题都值得我们思考。"法律人是法律的代言人"，法律人创造法律、解释法律、适用法律，再没有人比他们更精通法律的知识了。然而更为重要的是，"法律人应当是人类灵魂的发言人"。这是一种多么伟大的称呼啊，法律人不应该依附于其他任何事物，只能是灵魂的发言人。坚守良知，追逐正义，这才是一个合格的法律人所必须具备的品质。

我会好好地把这本书珍藏在身边，时不时拿出来翻阅。我想，它就像一个警钟，时刻提醒我"法律职业的精神是什么"，也许有一天当我走入社会，会发现很多事情并不像现在所设想的那样发展；也许有一天我也会面对很多诱惑，会在利益面前犹豫不决。我希望这本书会让我想起，我曾经希望自己成为一个什么样的法律人，我的"理想国"应该是什么样的。我希望自己不要忘记初心，每次打开这本书时，都不会有羞愧感；我希望自己永远保持谦卑，永远保持敬畏，永远可以做一个善良的人。

宪政路漫谈

——初读《美国宪政历程——影响美国的 25 个司法大案》

2018 级非诉法律实验班　徐宇冰

书如其名,《美国宪政历程——影响美国 25 个司法大案》主要通过几个经典案例描述了美国宪政发展的历程,语言幽默风趣,可读性强。书上除了法律条文、条文解释,还涉及诸多美国的历史、政治、文化等。

西方学者和中国学者对于宪政提出的概念有所不同。西方学者大都回避对宪政阶级实质的分析,而是从某一角度来阐述宪政,因而不够全面。总结而言,宪政以"法之法"的宪法为基础,是法治的政治秩序,包含着意识形态和文化观念,意味着对于政府权力和公民权利的制度安排,保障公民权利并制约政府权力。中国学者的宪政概念:一是比较全面;二是大都强调宪政的动态意义和实践色彩,即简单定义为宪政是以宪法(立宪)为起点,民主为内容,法治为原则,人权为目的的政治形态和政治过程。

取国内外进行对比,根本原因是国情不同。正如老师所言,在美国,政府被大众普遍视作"恶"的象征,是趋向于被限制的;但在我国,政府系立足于最高宗旨"为人民服务"的机关,其依靠的一大部分便是民心。即便是完全陌生的土地,看着人们凭借智慧和勇气推动历史和文明的发展,甚至影响世界的进程,也是一种很奇妙的感觉。在美国,宪政本身不涉及民主,宪政不关心政府和政权的产生方式。如书中提到的现任开明派女大法官鲁斯·巴德·金斯伯格(2020 年逝世)曾言:"法院不应该让自己关注于某一天的天气,但应该留意特定时代的'气候'。"

提到鲁斯·巴德·金斯伯格女士，我们不得不谈一谈她那极富传奇的一生。在其几十年的职业生涯中，她一直为女性获得平等的权利作斗争。不该仅仅关注某一天的天气，而应该敏锐察觉到特定时代的"气候"——

雇主有权合法开除怀孕员工。

婚内强奸，案件通常不予起诉。

丈夫不同意，女性可能无法获得银行贷款。

这些是不到半个世纪以前美国的法律。

不管是东方还是西方，两性观念上的刻板印象总是根深蒂固。但在当代美国，法律条文上的性别歧视已难觅踪迹。"做个淑女，做个独立的人"，在任何情况下都不让无益的情绪掌控自己的心境，面对最初傲慢的偏见，通过几十年的努力，通过情理并蓄、掷地有声的演讲辩论，她逐渐让大法官们明白，这些性别为凭，为了"保护"女性而设立的法条，实际上是将她们困在牢笼之中。就是金斯伯格，这位众多女性心目中的超级英雄，推动了一系列真正保护女性权利的变革，形成了女性追求权利平等的"气候"。

话题转回宪政。哈耶克指出，宪政的实质有两个：一是限权；二是保障。这在书中也被反复提及，限权即限制政府及立法机构的专属权力，而美国的分权制度，"三权分立"历来为人称道，同时宪政不仅限制政府的权力，也限制"人民"即多数人的权力。"保障，即保障人民的各项基本权利，特别是洛克主张的生命、自由和财产权。"通过宪法和法治的方式践履这样的政治制度，就是宪政。意即宪法是静态的，而宪政是动态的，有宪法不一定有宪政。在具体实践中，宪政的关键是独立和不受选举约束的司法系统。

一个是制度，一个是思想。按照目前的大多数观点，这种思想是有借鉴之处的，但又有困难阻碍。说到底，大家都是为了更好地生活。

初步了解宪政之后，再来看看作者生平。作者任东来先生是一位了不起的人物。"他是中国培养的第一位美国史博士，在中美关系史和美国宪政史等领域著述颇丰，做出了不可取代的学术贡献"，网上如此评价。虽然他已经离开了这个世界,但他留下的文字却替他在接下来的舞台上不断发光发热。

囫囵吞枣般读了部分,我对以下几个点印象深刻。

一是对法治和法制的分辨。正如序言所说,本书的案例中体现出来的法治(rule of law)精神,同我们一般所说的"依法而治"(rule by law)的区别不小。"法治"的评语或主体是"法"。"宪法作为国家根本大法是至高无上的,任何人凌驾于宪法之上或者任何事被判定为'unconstitutional'(违宪),罪莫大焉!但在'依法而治'中评语被有意无意地省略了。"

简单地说,法治 of 法律是主语;而法制 by 法律可视为工具。

二是霍姆斯大法官"毫无疑问,如果思考并去理解事物之间的相互联系,任何事情都饶有趣味。当你不懈地追求,每一种职业都很了不起。但任何职业都不能像法律那样给予如此开阔的眼界,去感受人类灵魂内在的能量,去深刻体验生命的激流……法律就像魔镜,反映的不仅是我们的生活,而且是曾经存在过的所有人的生活……"的言论。

我们有理由相信这一番言论是其肺腑之言,哪怕有些理想化和浪漫主义,也能触动许多法律从业者。曾看到有人开玩笑,说学校教给你平等、正义的观念,却没让你能使公司在二十年内免受财务欺诈。但也如许多人的抗辩,精神、价值是法律的根,接下来的实践与经验只不过是上面的枝和叶。

当然,此书中还有许多有意思的案例和主要内容,可以多角度探讨。例如,从"星条旗保护焚毁它的人"可以看出,美国精英知识分子等对自由的坚持和信仰;从辛普森案可以看出,法律实施过程中的严谨和微妙。不断学习,不断了解,将使阅读者收获颇丰。

法律的视野很广,它可能需要用理的思维去判断、假设、构建、怀疑;也需要用文学的载体来表达,用道德伦理去约束。我们的路说长不长,说短不短,无论法律思维存不存在,我们对于人类理想的探寻从这一刻开始,从很久前开始,也将一直向前、向未来而去。

探法律之晦涩

——读《刑法的私塾》

2018级非诉法律实验班　严露婕

　　刑法是一门晦涩难懂的学科,但《刑法的私塾》采用一种简易对话书写形式,让我们学习用庖丁解牛般的手法剖析和处理疑难案件。

　　例如,合租房里住了四个人,其中两个关系很好的女孩住一间,有一对恋人住一间。但这对恋人和这两个女孩关系不密切,平时只是打个招呼而已。某天半夜,恋人中的女孩因为吵架,要拿打火机烧被子,男朋友阻止了四次,之后男朋友就不管了,心想你想怎么着就怎么着吧。女孩又把打火机拿出来,点燃了被子。刚开始燃烧的时候,男的没有扑火。之后看着火势变大了,男的立马去扑火,但怎么都不能扑灭。这对恋人眼看自己要被烧死了,就跑了出来,结果另一房间的两个女孩都被烧死了。

　　首先,谈的是责任归属。两个女孩的死亡责任大部分归属于纵火者,但纵火者的男友是否需要担责呢?

　　然后,考虑男子有无阻止义务与保护义务。两人是情侣关系,男子仅对租房有保护义务,他女朋友是成年人,他没有义务阻止女朋友犯罪,但有义务阻止女友烧房,即有保护房子的义务。而非生活共同体之间没有保护义务。但是,如果是其中一人放火,则其他人都应当有灭火的义务。保护义务与多次阻止行为的无效并不抵触,也就是即使多次阻止都无效,保护义务也是不会消失的。

　　刚开始燃烧的时候,男的没有扑火。之后看着火势变大了,男的立马去扑火,结果来不及,主观上疏忽大意,有预见重大伤亡的可能,最后造成两个女孩被烧死,所以构成过失致人死亡。

关于同样被法院认定过失致人死亡的,临近的还有一件案件,就是著名的"李心草"案件。运用书中学到的知识,从案例中归责比纯理论的分析,更惹人思考。

罗某邀约李心草等人饮酒,李心草醉酒后出现严重危及自身安全的异常行为时,罗某掌掴李心草助其清醒,后对方行为失控,翻越护栏坠江溺亡。

首先,考虑责任归属。李心草的死亡大部分归属于其自身行为,而罗某的行为是否对李心草的死亡有客观上的因果关系呢?只有当行为人的行为与结果之间有因果关系,而结果客观上可以归属于行为人的行为时,才能说这个客观上的因果关系和行为人主观上所预想的因果关系一致,因而存在因果关系的错误。如果被害人的死亡不能归属于行为人的行为,就不存在因果关系的错误。

其次,我认为罗某掌掴李心草助其清醒在主观上并无恶意,与造成李心草行为失控之间没有客观上的因果关系,罗某也无法预料李心草有翻越护栏坠江的可能。李心草的行为异常主要是因为大量酒精摄入造成的,而罗某对阻止李心草坠江的行为其实缺少期待可能性,不应当构成过失致人死亡。

更何况法律不应当强人所难,受舆论干涉。真相未出,我们不应该对涉事人提前作任何不负责任的批判。舆论干涉司法,同样与《刑法的私塾》中贯穿的法律精神相违背。

"启蒙"小记

2018 级非诉法律实验班　张宝悦

作为一名法学的初学者,我大概学了一年半的法,之前总是感觉刑法的内容很抽象,抽象的东西总是难以把握,枯燥且很难记忆。在学习的过程中我发现,如果尝试去了解法条设定背后的一些原理,整体上将会对法律有更深刻的理解。《刑法的启蒙》这本书介绍了几位法学家对于刑法条文背后原理的探讨。在他们的言语中,我们可以读出他们对于旧思想的批判,在批判的基础上他们积极提出自己的看法,贡献自己的智慧。任何思想的形成都是一场跨越古今的对话。尝试走近这些法学家的思想,也是对刑法发展历史的探寻。下面将列举一些在阅读过程中让我印象比较深刻的地方。

一、理论的出发点——自然法

法学家们的思想始于自然法。到目前为止,我所理解的自然法是律师事务所体现的一种原则,它是法律创设的初心,也是最终的追求。法律最开始的形成来自人们朴素的正义感,是大家心中默认的道理和准则,即使没有学过法律,人们也会对事实进行一个大致的评判。比如伤害他人的人要付出相应的代价。《汉穆拉比法典》记载着"以牙还牙"等朴素的刑罚规定,这体现了大家对于公平的一种追求,不论其在现在看来是否合理。古希腊斯多葛派将理性看作法律和正义的基础,因此在斯多葛派学者芝诺看来,自然法是理性法。作为法律和正义的基础,自然法是一切善恶的标准。霍布斯在此基础上进一步推进,将自然权利推及自然法,并将两者加以区分,指出前者是一种自由,后者是一种义务。孟德斯鸠又将自由看作刑法的精神,把公民的自由归结为一种不受侵犯的安全,而公民的自由主要依靠良好的刑法,从而引申出孟德斯鸠对于刑法价值的定位:刑法是为保障自由存在的,刑法奠基于个人权利和自由上。对于自然法的理解,孟德斯鸠从事物性质产生的必然关系出发,认为自然法共有四条:和平、寻找食物、自然的爱慕以及社会性。

贝卡里亚直接从自然法的观念中揭示刑法的理论基础,指出神明启迪(指神学教义)、自然法则(实质上是指道德)和社会的人拟协约(世俗的法律)这三者是调整人类行为的道德原则和政治原则的源泉。神学教义跟贝卡里亚所处时代的背景有关,神学在社会中占着主导地位,许多人还比较偏向于上帝制定法律、神明规定刑罚。道德也是一种人们内心正义感的产物,许多时候我们即使搞不清楚某行为究竟是否违法,但总是可以在第一时间判断其是否符合道德。最后是世俗的法律。贝卡里亚提出了许多经典的刑法原则,如罪刑法定原则、罪行均衡原则以及刑罚人道主义原则等。其刑法观的建立,也离不开其对自然法的理解。

自然法一开始为什么会存在呢?也许是有时候受制于法律的局限性,我们无法用已制定出的法律处理好生活中的一些问题,我们会凭借自己对公平公正的追求,以探求法律的精神来形成一些处理问题的更高层次的原则。上述法学家虽然对自然法的理解有着一些偏差,但都是为了追求保障国家、社会、公民利益的法律。探寻自然法也反映出人对社会的思考,应不仅仅局限于封建神权思想。

二、罪刑法定主义

很难想象,在中世纪封建神权时代,法律听信于"神意",其实这是为专制而服务,往往最高统治者拥有制定法律、修改法律以及解释法律的权力,且司法的运行往往带有主观色彩,并没有根据法律的制定而实施。罪刑如果不法定,司法工作人员不根据法律规定来审判,司法权设置带来的后果将是荒诞的。"诺贝尔文学奖"获得者加缪在《局外人》一书中描写了一个因为冲动而杀人的年轻人,在法庭上没人关注他为何杀人以及杀人的细节,法官、检察官以及他的律师更在乎的是他为何将母亲送到疗养院,以及前几天他在母亲的葬礼上没有哭,最后他被判死刑也是因为他将母亲送到疗养院以及在葬礼上没有哭的行为,法官、检察官认为他是一个十恶不赦的坏人。神父对他不信教的行为感到震惊,坚定地认为其需要救赎。我们的法律规定,能把"罪犯"送上断头台的是其犯罪行为,如果根据道德和信仰就将犯人送上刑场,那无辜的人随时可能受罚,这将是一件很可怕的事情,对公民来说,也毫无正义可言。也正是因为如此,贝卡里亚才如此提倡罪刑法定主义,并将其奉为公理。根据罪刑法定主义,他指出法官唯一的任务是判定公民的行为是否符合成文法律。贝卡里亚将司法模式设想为三段论的逻辑推理。其中,大前提是一般法律,小前提是行为是否符合法律,结论是自由或刑罚。在这种模式下,法官基本上没有刑罚裁量权,因为法律已经将一切都规定得十分明确了。

费尔巴哈将罪刑法定主义从思想转化为实定刑法的原则。费尔巴哈基于罪刑法定原则,将犯罪的违法性提到了一个十分重要的位置,为此后的犯罪构成要件理论的发展奠定了法理基础。费尔巴哈把刑法分则上关于犯罪成立的条件称为犯罪构成,指出犯罪构成就是违法行为中所包含的各个行为的或事实的诸要件的总和。"只有存在客观构成要件的场合,才可以被惩罚。"费尔巴哈确立的罪刑法定原则的更重要意义在于限制司法权,保障公民的自由和权利。从国家角度来看,罪刑法定原则是一种裁判规范,意味着对司法权的一种限制。从个人角度来说,刑法是一种行为规范,对公民的行为起到了引导作用,为公民提供了一张罪刑价目表,使每个公民都面临着法律的威吓,从而起到一般预防作用。从根本上说,费尔巴哈以启蒙主义的法治国家思想为基础,强调法律的绝对权威,并将法律神圣化,从法律中寻找可罚性的根据。

三、关于刑罚

《刑法的启蒙》一书中,法学家们对刑罚的来源进行了探讨。贝卡里亚将刑罚权与社会契约联系在一起,认为人们为了更好地保障自己的权利,将一部分权利上交给国家,即社会契约的形成。费尔巴哈认为,刑罚是一种威吓,刑罚的威吓能够起到心理强制作用,实现一般预防的目的。康德将刑罚视为一种报应,指出法院的惩罚绝不能仅仅作为促进另一种善的手段(指追求刑罚的预防犯罪的目的),不论是对犯罪者本人或者是公民社会。因此,在康德看来,惩罚的根据不在于预防犯罪,从这一角度出发否定了费尔巴哈的刑罚威吓论。黑格尔认为,刑罚是一种报复(实际上指报应),他强调了犯罪与刑罚之间的因果报应性——犯罪对于刑罚具有决定性。加罗法洛注重刑罚的特殊预防,认为特殊预防应是刑罚的最终目的,一般预防是偶然效果。加罗法洛主张以遏制犯罪取代威慑犯罪,这种遏制包括消除和赔偿两种形式。

我更加倾向于强调犯罪威吓下形成的预防作用。利己之心人人皆有,许多人不犯法,是因为知道实施犯罪行为后果的严重性,从而消除自己作恶的想法。犯罪后有相应的惩罚,形成法律的威慑性,才会遏制住一部分人的犯罪。但是刑罚要与犯罪的罪刑相适应。如果处罚太轻,不但不能威慑罪犯,反而可能会助长罪犯的气焰,下次再犯;处罚太重,则会导致不公平,也会造成人们对刑法的怀疑。比如正当防卫案件,如果对构成正当防卫的要求过于严格,导致一些在紧急情况下反抗的公民被判重刑,反而更会使人怀疑刑法的公正性,担心如果事情发生在自己身上,自己的合法权益就无法得到保障。

四、方法论的改变

法学理论不仅在内容上与时俱进,在方法论上,受不同学科的启发,也有了进一步的发展。受日心说的鼓励和进化论的深刻影响,龙勃罗梭将自然科学尤其是生物学引入犯罪学研究。同时他将实证方法引入犯罪学研究,以观察作为研究犯罪的重要方法,将结论建立在严密的科学数据上,开创了刑法研究的新时代。龙勃罗梭本身也是一位医生,他在解剖了许多罪犯后,得出了他所提倡的天生犯罪人论,认为遗传对犯罪产生了很大的影响;但是他在晚年时期,更加关注后天因素如地理环境和社会发展对犯罪的影响。

这一方法论的革新,将重点放在了具体数据上,即比起运用逻辑思维和因果辩证来说明问题,更多的是把目光聚焦到具体的人身上。龙勃罗梭的学生菲利研究犯罪人取代古典学派的犯罪行为,他把犯罪人进行了相应的分类,更加关注犯罪人的思维转变,菲利提出了对犯人的矫正,将传统的惩罚扩展到了对犯罪人的改进。他认为古典学派的监狱制度之所以失败,主要是因为没有对犯人进行有效矫正,而只是进行简单的关押和隔离。通过对犯人的矫正,改变其犯罪心理和犯罪人格,由此让他们回归社会。方法论的进步为内容的扩展开辟了新的思路。

通过研究犯罪人,可以从根本上对其进行改造,在一定程度上,这样可以避免其再次犯罪。现代意义上的监狱也更加看重对犯罪人的改造,使其在出狱之后,也可以找到适合自己的守法的生活。之前参观过省女子监狱,了解到他们相对于以前,更加重视罪犯们的思想文化以及技能改造,更偏向于教她们一份手艺,在一定程度上防止其在出狱之后与社会脱节而再次犯错。

五、总　结

《刑法的启蒙》在介绍法学家思想的同时,更重要的是加深了我对法律背后思想与故事的理解。在了解这些法学家本人及其思想的过程中,首先明显看出他们对正义的追求,对某一问题的深度思考与反思,从而更好地去改造社会。这是学法的意义与快乐,贡献自己的知识与智慧。其次,我看到了任何思想都不是孤立的。我在之后梳理这些观点的时候,发现法学家们往往从一个点受启发,在现有的基础上,开创了自己的思想时代。了解别人的思想,有时是启发自己思想的第一步。再次,法律是关于生活的学科,与每个人都有关。在学习时,也不应该局限于其中一门。难以想象,看起来跟法律不相关的日心说以及进化论对于龙勃罗梭产生了重要影响。生物学的研究方法也被带入了法律的研究领域。最后,对于我个人来说,法学这门学科会随着更加深入的了解而变得更加有趣,其实法律的学习远没有想象中那么枯燥,法律的背后隐藏着许多值得我们探寻的东西,一步步去了解是件蛮有意思的事情。

下　编

初入律途

——浙江海浩律师事务所实习报告

2018级非诉法律实验班 曹欣怡

"纸上得来终觉浅,绝知此事要躬行。"在现实法律职业环境中,我们可以清晰地感受到理论与实践的差距。在浙江海浩律师事务所实习的一个月里,在实践导师的指导和自己的努力下,我了解并掌握了律师事务所的运作流程和律师的办案流程与技巧。在此,我整理了自己的实习记录,写下了自己在浙江海浩律师事务所实习期间的经历、感受。

一、实习目的和实习计划

(一)实习目的

(1)通过实践,将大学课堂上学到的理论知识和法律实践结合起来,巩固所学,找出不足,积累经验,以适应未来的社会生活。

(2)通过实践,培养独立分析和解决问题的能力。

(3)通过实习,培养社会适应能力和人际交往能力。

(二)实习计划

(1)熟悉律师事务所的各项管理制度。

(2)熟悉相关的法律法规及律师执业纪律。

（3）掌握日常办公技能。

（4）整理卷宗、查询资料、撰写法律文书。

（5）协助律师接待当事人、整理证据、开庭。

（6）整理实习记录，撰写实习报告。

二、实习过程

（一）电子归档

进入律师事务所的第一天，除了学习怎么复印文件，就是电子文件归档。在我来到律师事务所的前两周，我的主要工作是电子文件归档。所谓电子文件归档，其实就是通过第三方平台，将事实调查报告、证据、起诉状、法院通知书等文件按照被告文件、原告文件、法院文件分门别类。这一工作看起来毫无趣味，却给我提供了一个接触各种法律文书的机会。需要电子文件归档的案件都属于标类案件，彼此之间的相似度极高，因此每宗案件的法律文书也十分相似。在阅读了许许多多同类型的法律文书后，我对这一类型的案件有了清晰的认识，也初步了解了法律文书的构成要件。

（二）整理卷宗

整理完整有序的档案，让我直观地了解了法律程序中案件的始末。整理档案，看似简单的工作，其实需要准确把握办案过程。接触各种真实的法律文书，快速准确地判断出法律文书的种类和顺序，判断出证据的种类等都是必不可少的。每本卷宗的内容都是按照律师承办案件的经过进行排列的。以民事卷为例，首先要有立案审批表；然后是律师与当事人签订的委托代理协议，以及律师费发票、授权委托书、律师事务所所函、当事人身份信息等；接着是作为原告的起诉书、上诉书或者作为被告的答辩状，根据相关资料形成的各种证据，经过开庭审理后得到的该案判决书、裁定书或者调解书；最后是一些法院的程序性材料,如传票、应诉通知书等。

(三)观摩庭审

经济基础决定上层建筑。市场经济的飞速发展,不仅使人们的生活水平不断提高,也使人们的法律意识、维权意识不断增强,这就使近年来的民事案件数量逐年增加。我以前在学校参加过刑事案件模拟法庭。刑事案件程序性很强,但在这里,参加完民事审判后,我觉得整个法院的气氛还是比较轻松的,一些程序性的问题被省略了,或者在庭下提前完成,关于法律事实的调查和相关法理的探讨才是法庭审理过程中的重点。一场庭审旁听下来,我觉得整个案件的诉讼逻辑是一种"三段论"式的,大前提对应适用何种法律,小前提对应具体的法律事实调查,最后得出结论,也就是审判结果。在课堂学习过程中,关于大前提的研究比较多,经常需要根据构成要件来判断适用的法律。而在实务操作中,解决法律争议固然重要,但解决事实争议同样重要。解决事实争议的核心便是原告、被告双方提交的证据,许多庭审都会在举证、质证这一环节上花费大量的时间。

(四)参与债权人会议

在为期一个月的实习过程中,我有幸和同所的另外三名同学一起跟随实务导师来到富阳,参与企业破产程序中十分重要的一环:债权人会议。海浩律师事务所作为破产管理人,参加了第一次债权人会议。会议的主要议程有:(1)宣布债权人会议的职权和其他有关事项;(2)任命和宣布债权人会议主席;(3)安排债务人的法定代表人或者主要负责人接受债权人的询问;(4)管理人将债务人的生产经营、财产和债务情况告知债务人,提出清算报告,提出财产处置方案和分配方案;(5)讨论审查债权、财产债权担保情况和数额,协商和解协议,审查清算组清算报告的证明材料;(6)讨论财产的处分方案、分配方案等,债权人可以对在人民法院登记或者清算的债权提出异议;(7)经讨论,依照《企业破产法》第十六条的规定进行表决。我参与了会议的准备工作,分装投票单,在会议开始前进行引导工作,在表决环节中帮忙收集选票。两天的工作十分充实,我不仅了解了会议的一般流程,而且体会到了一场几小时的会议背后所需要的长期准备。

三、实习心得

首先,法律职业不同于其他工作,它不仅要求从业者掌握专业知识与技能,还要求从业者具有良好的品质和公共价值上的追求。因为法律职业不仅仅是从业者个人赖以谋生的工作,还维系着一个社会的基本秩序和公平正义。正是基于法律职业的这种特征,从业者必须严格遵守这一行业的职业道德。律师是法律行业的重要群体,尽管在外行看来,律师的社会地位较高,经济收入也相当可观;但在中国法律职业环境中,相较于公检法等政府部门,律师多数处于弱者的地位,尤其是一些刑辩律师。诚然,各行各业都有自己的困难,但这并不是抛弃职业道德的理由。

其次,律师面对案件时要深思熟虑,不仅要精通法律,还要精通商业等相关行业,这就要求这一群体有更高的综合素质。我们在学校中学到的是一般规律或严格意义上的法律,但在具体实践中,还有许多规则或具体规定在发挥作用,因此律师还需要掌握一些非法律方面的知识。法律是一种实践性很强的上层建筑,调整着社会生活的方方面面。每年"两会"之后,都会有新的法律条文出台,各部门、各行业都在不断探索、不断改革。因此,律师的学习能力和接受能力必须始终保持高度的自觉性,努力做到与实际情况相协调,找准平衡点和漏洞。

再次,我的实务导师是浙江海浩律师事务所的沈永强律师。沈律师长期为互联网企业提供全方位法律服务,现为阿里巴巴集团(包括天猫、淘宝、阿里巴巴、支付宝等)主要合作律师。浙江的"互联网＋"领域十分活跃,杭州更是号称"移动支付之城"。在这次实习过程中,我发现互联网对于我们的生活早已不再局限于网络购物,电子文件归档也是在第三方网络平台上进行的。我还有幸旁听了一次导师在杭州互联网法院的开庭。尽管我对具体案件只是一知半解,但这种新型的网络法庭着实让我感到惊奇,也让我体会到整个法律行业的日新月异。

一个多月的实习,短暂而充实,让我在书本之外了解了法律,也让我认识到社会究竟是什么样子——周围没有熟悉的同学,不同年龄、不同职业、不同兴趣、不同性格的人彼此连接在一起。不同的案件,不同的当事人,他们的喜怒哀乐,他们的真真假假,即便现在跟你谈笑风生的当事人,转身他就可能换了一副面孔。这次实习对我将来的工作是很有帮助的,不仅涉及专业知识,更涉及待人处事的态度和方法,让我明白谦虚求知的同时也要适当肯定自己。

"千里之行,始于足下。"虽然经常被"恐吓"法律专业的就业前景严峻,年年都是就业的"红牌"专业,但这次实习的经历让我更加坚定地认定了自己的职业选择。因为目前才大一,有许多专业知识还未曾涉及,在律师事务所实习的这段时间,我感觉自己在大学生活中还有很多事情要做:积极参加辩论赛、模拟法庭、征文征稿,阅读专业书籍和其他类的工具书,了解其他领域的基础知识,提高自己的知识水平和技能水平。

最后,我想向浙江海浩律师事务所及全体律师表示感谢。感谢律师事务所为我提供了一个实习的平台,谢谢你们的倡导和建议以及一直以来的帮助。

浙江金道律师事务所实习心得

2018 级非诉法律实验班　陈沛儿

2019 年 7 月 20 日至 2019 年 8 月 23 日,我在浙江金道律师事务所实习。在本次实习中,我深刻体会到实践在法律学习中的重要性,第一次认识到实际案件处理中可能遇到的各种问题,切实感受到掌握沟通协调技巧的重要性。在律师的悉心指导与鼓励下,以及在与实习伙伴的愉快合作下,不仅我的文书写作能力得到了锻炼,学习了为人处事之道,而且对诉讼、非诉案件的流程有了大致的了解,受益匪浅。本次实习报告主要分为实习目的、实习经历、实习感想与总结几方面。

一、实习目的

此次实习主要是为了锻炼自己独立思考、沟通交流、文书撰写等方面的能力,体会实践与书本知识的衔接与差异,从而加深对法律的了解,培养良好的法律素养,为今后的法律学习奠定坚实的基础。

二、实习经历

本次的实践中,我不仅辅助律师进行一些文书工作,还直接参与了两个关联案件的实际处理。我协助参与的案件系有关社会保险的关联案件,分别是劳动诉讼与劳动仲裁,体验了企业法律顾问所涉及的业务。

(一)案例检索

办理案件时,案例检索是十分必要的。本次实习所涉案件系有关社会保险的案件。本案为孙某起诉绍兴柯桥某纺织绣品有限公司劳动争议纠纷案。原告孙某起诉绍兴柯桥某纺织绣品有限公司,请求判令原告、被告之间存在劳动关系,并请求判令被告支付给原告医疗费 164444.06 元与病假工资 22500 元。作为绍兴柯桥某纺织绣品有限公司法律顾问,在了解基本案情后,律师让我检索浙江地区有关社会保险与劳动关系确认存续的劳动争议案例。

案例检索在处理案件中是一个十分重要的环节,不仅有利于了解当地裁判的结果,也能从类似案件中借鉴学习,为委托人取得尽可能多的利益。不仅如此,案例检索也能让我了解到类似案件的争议焦点与裁判理由,进一步加深、巩固对专业知识的学习。

(二)法律文书及相关文件撰写

诸如答辩状、证据清单、调查令等法律文书,在学习专业知识的过程中都有所涉猎,对我而言也许并不陌生。但当着手撰写时就会发现实践与理论之间的差距,撰写法律文书等相关文件并非易事。本次实习中,我作为被告一方代理律师助理,主要协助撰写答辩状、证据清单与调查令。

起草答辩状时,我首先仔细阅读了对方的起诉状,基本掌握了案情与原告的诉求,再根据与委托人的交流、与律师的指导建议,最后就原告提出的诉求初步起草了答辩意见。答辩状与起诉状要求相同,以表述简洁、逻辑清晰为佳。在我所撰写的初稿中,我欲求尽可能将答辩意见表述清楚,故较为烦琐。在律师提出修改意见后,我精简内容、修改表述,初步达到了表述简洁、逻辑清晰的要求。

在整理证据清单过程中,我原以为这是较为简单的任务,实际是较为烦琐的。证据清单的整理比较注重逻辑性,此外整理者需要具备一定的沟通交流能力,才能更便捷高效且准确地搜集所需证据。证据清单主要分为材料名称与证明对象两个部分。在孙某起诉绍兴某纺织绣品有限公司劳动争议纠纷一案的证据清单撰写中,主要涉及绍兴某纺织绣品有限公司营业执照、劳动合同与公司声明,以证明自 2020 年 2 月 28 日起原告与绍兴某纺织绣品有限公司存在劳动关系,且原告在重庆有农村社保、医保,自愿放弃城镇医保、社保,并确认签字;微信主页解除劳动关系通知、与孙某的聊天记录,以证明原告在住院期间并未办理请假手续,也未补办,绍兴某纺织绣品有限公司与原告在 2020 年 7 月 13 日解除劳动关系;税务系统内申报截图,以证明原告疾病事发后,该公司曾为原告申报社会保险缴纳。

本案涉及的争议焦点之一在于社会保险的缴纳与否。原告申请法院判令被告补交社会保险款项并支付其住院期间所花费的全部费用,我们认为原告因在重庆老家已有农村社会保险与医疗保险,故在签订劳动合同时已明确放弃城镇医疗保险与社会保险,我方无需为其医疗费用支付全额。为证明原告在重庆老家确已有医疗保险与社会保险的事实,在律师的指导下,我起草了调查令申请书,请求绍兴市柯桥区人民法院调取存于重庆市黔江区医疗保障局原告孙某缴纳的医疗保险类型、投保情况和医疗报销情况。

(三)走访调解

上述案件中,被告可能面临全额支付原告住院费的风险,因为该公司在签订劳动合同时并未为所有员工缴纳社会保险与医疗保险。故在此案发生后,律师作为该公司的法律顾问,其建议:为避免类似案件的再次发生,减少不必要的诉讼,应为全体员工办理社会保险与医疗保险。该建议得到了该公司法定代表人的同意。

次日我便与律师一起参加了该公司召开的员工大会。在会议中,该公司法定代表人提议以降低一定工价的方式为所有员工缴纳社会保险与医疗保险。但该提议遭到了部分员工的强烈反对,该部分员工进行了罢工并向市长热线举报。

在接到柯桥劳动保障监察大队的通知后,我们积极配合大队的协调工作,在调解员的调解下最终达成协议:不愿意接受降低工价来缴纳社会保险与劳动保险的员工自愿辞职;该公司也做出了一定的让步,为愿意继续工作的员工缴纳社会保险与医疗保险并适当减小工价降低的幅度,达到了双赢。

三、实习感想与总结

本次实习中,我以某公司法律顾问助手的身份参与了两个案件的处理,这让我对非诉案件有了进一步的认识与了解,为我日后专业知识的学习与非诉业务的掌握提供了很大的帮助。

本次宝贵的实习经历给我最为深刻的体会便是理论与实践的差距。只有深入社会实践才会发现大众法律观念仍然相对匮乏。在我的观念中,企业为员工申报并缴纳一定的社会保险与医疗保险是每个企业不可推卸的义务,企业为员工缴纳社会保险与医疗保险是全社会的共识。而在本次实践中,我发现在绍兴绣花纺织领域,为员工缴纳社会保险与医疗保险的企业屈指可数,在外务工者的权益没有得到切实的保障。

与员工协调为其缴纳社会保险与医疗保险时,大多数员工并不愿意自行支付一定费用。这在一定程度上体现了外出务工者社会保险意识薄弱,也体现出现行社会保障体系仍然存在缺陷。要不断加强企业与员工的法律意识,通过宣传的方式提高绣花纺织企业为员工缴纳劳动保险、医疗保险的比例,让外出务工者了解到社会保险与医疗保险对其权益的保障与不可或缺性。

此外,此次实习充分锻炼了我的能力,让我沟通协作的能力有所提升。实践中充满了变数与各种可能性,故培养独立思考解决问题与随机应变的能力是十分重要的。在面对各种问题时要有敏锐的洞察力,准确抓住案件涉及的争议焦点。作为公司的法律顾问,要切实为委托人的利益服务,无论是诉讼案件还是非诉案件,都要争取委托人的利益最大化。同时也应具有举一反三的能力,在企业出现问题时,单独解决这一问题是不够的,应对该问题的出现加以思考,并实施一定的举措来避免或预防该类事件再次发生,未雨绸缪,减少不必要的诉讼。

　　总的来说,此次实习让我进一步了解了非诉业务,锻炼了我对法律文书的写作能力与协作沟通能力,为日后的法律学习打下了坚实的基础。实践出真知,在实践中所获得的知识是书本内容无法涵盖的。学习是一个永无止境的过程,只有在不断学习中体会到自身不足,对暴露的问题加以总结思考,才能更上一层楼。

浙江律匠律师事务所实习报告

2018级非诉法律实验班　程　楠

一、实习之路

这个七月亦如往常一般炎热,但似乎多了一些别的东西。在这个七月里,我开启了人生中第一次进律师事务所实践的大门。

在进律师事务所之前,我曾无数次地在脑海中想象那个画面,满怀憧憬与期待。我此次实习的律师事务所是浙江律匠律师事务所,这是一家以平台化思维运作的综合性律师事务所,非常年轻和优秀。我刚去律师事务所的时候,完全是个"小白",有些迷茫和拘谨,但我的实务导师范丹丹律师为人随和,对我非常好,还有同在律师事务所的其他哥哥姐姐对我也很好,让我卸下了身上的无措,全身心地投入学习中。写到这里,就不得不提一下我的实务导师范丹丹律师——浙江大学民商法法学硕士,她精通各类民商事务法律。她曾经是浙江某人民法院审判员,拥有多年审理各类诉讼案件的工作经历,目前担任多家单位的法律顾问,拥有大量的法律实务经验,是法学界不可多得的人才。范律师教导我的时候,非常细心认真,她优秀的法律素养感染着我,使我不断前行,我对此一直心怀感激。

在律师事务所实习中,导师让我参与了案例分析、整理庭审资料等一系列工作,我只想引用鲁迅先生曾经说过的一句话来概括我对此的感受:"一碗酸辣汤,耳闻口讲的,总不如亲自呷一口的明白。"理论与实践总是存在差距,书本上的知识懂得再多,脱离了实际也只不过是纸上谈兵。作为一个法律人,实践才能最大程度地达到最终的目的,共同推动社会法制建设。

短短一个月,我便从当初的期待、紧张,到了现在的恋恋不舍。回想起在律师事务所度过的美好时光,仿佛做了一个仲夏夜之梦,短暂而美好。

二、实践感悟

一个月的时间说长不长,说短不短,学校为我们非诉班安排这次实习,其目的是让我们将理论知识转化为实践知识,提升我们的综合能力,提前深入了解律师这个职业。

作为一个中国法律接班人,我们就应该不断地在学习法律的道路上感受法律的魅力,贴近感受法律的独特。国外的法学生在大一就可以根据自己的成绩进入律师事务所进行实习;并且与我们不同的是,他们在律师事务所就是真刀实枪地开始做案子。在这里提国外的教学方式并不是说国外的东西一定是好的,不可否认的是,国外的法律制度的确有可取之处,值得借鉴。国外的法学生一毕业就拥有丰富的经验和能力,能够独立办案。中国式教育让我们封闭在了小小的书本中,被书本教条困住的我们自然就逊色了不少。所以,我很感激学校给了我这样一次机会近距离接触真正的法律,为我以后的法律生涯奠定了一定的基础。记得我在实习中和律师事务所一个小哥哥聊天,他说:"学校里学的其实是法律的精神、法律的模式、法律的思维方式,等你真正办案子的时候,你会发现你需要从头学习很多知识。""纸上得来终觉浅,要知此事须躬行。"说的也许就是这样吧。

作为一名法律系的新生,说来也是惭愧,我只学过法理学、民法总论、刑法总论等,对深奥的法律世界并没有多少了解,就开始接受这样极具挑战的实习。所幸我遇到了我的实务导师,她一直悉心指导我,让我迈出了第一步。我很幸运能拥有这次机会,同样也很珍惜这次机会，我要不断地学习，不断地进步，不断地向着自己的梦想奔跑。

本次实习中，我参与了案件资料整理、案件前期准备、书写案例分析等工作，我学到了许多东西。首先，我学到了作为一个法律人应有的态度。实习期间，每天早上到律师事务所，总是发现有律师已经在所里工作，傍晚回家的时候，他们仍然在自己的位置上忙碌。我曾经天真地认为可能是老板让他们加班，他们不得不加班，后来发现我错了，他们告诉我，他们都是自愿加班的，为了给所属当事人的案子多增加一些胜诉的可能性。这种认真、严谨、负责的态度让我肃然起敬。我明白了律师不仅仅只是两个汉字，它身上还肩负着沉甸甸的责任。相较于自己对自己放松的态度，我感到非常惭愧，既然我已经选择走法律人这条路，我就该时刻约束自己，充实自己，做一个自律的、追求完美的人。我很喜欢三毛的一句话："一个人至少拥有一个梦想，有一个理由去坚强。心若没有栖息的地方，到哪里都是流浪。"我的梦想是成为一名优秀的律师，无论遇到什么困难，它都将是支撑我坚强下去的理由。平常也不要荒废时间，多阅读一些经典的书目来提升自我，戒掉看娱乐新闻的习惯，转向关注实事新闻，培养自己作为一个法律人应有的素养。另外，搜集整理资料的时候，我学习到了他们所具备的认真、严谨态度。我是一个比较粗心的人，总是会出现这样那样的错误，但是作为法律人，严谨是必备素质，丢掉了严谨，就不是一个完整的法律人。要静下心来，认真对待自己的案子，仔细、一丝不苟，毕竟粗心会毁了整个案子。书写法律文书的时候，对于字体、格式、标点的使用也必须规范。律师事务所的一个小哥哥告诉我："法官每天要看那么多文书，如果格式不整齐，认真看文书的心情都没有了。"短短一个月下来，我觉得自己实在是欠缺太多东西了，整日被锁在学校的象牙塔里，总以为自己还小，自己已经很好了，却不知道自己只不过是一盘散沙，基础歪歪扭扭，还妄想着建造出高楼大厦。在今后的日子里，我需要培养自己的一些素养，打好每一块基础。

其次，我学会了如何对待案件前期所应当做的一项必要的事情——看案例。在实习过程中,让我印象很深刻的是每做一个案子,导师就会让我在文书网上查看类似的案例。查看别人的案例,会给予自己很多的灵感,可以发现其他律师是如何避重就轻赢得案子,学习他们的切入点,借鉴他们的理由,更重要的是看最高法院的案例,了解最高法院对这一系列案件的态度和价值走向,这对后期处理当事人的案子能够起到事半功倍的效果,也许还会有不一样的惊喜。现在本科阶段的我们比较难以接触真正发生在我们身边的案子,看案例能够帮我们很快地理解此类案例的本质,并形成自己的方法论,找到一套适合自己的对待案例、分析案例的方法。对于搜索案例的工具,我发现我们不仅可以使用无讼案例、北大法宝、中国裁判文书网等工具,在新时代下,微信公众号也是一个非常不错的平台,里面有许多专业人士发表的观点、看法。

最后,我了解到的是写案例分析的好处。实习期间我写了很多篇案例分析,有关于建筑施工无效的案例,也有关于婚姻家庭的案例。案例分析是最能让我学到专业知识的一个实习环节。最开始写有关建筑工程合同无效的案例分析时,我处于一个很懵的状态,因为我没有学过任何有关建筑工程合同的知识,但在导师的系统指导下,我开始看案例、找案例,逐渐对建筑工程合同这一块有了一些不成熟的认识和想法。写婚姻家庭案例分析时更是如此,我记得当时导师发给了我《中华人民共和国婚姻法》第四十六条:"有下列情形之一,导致离婚的,无过错方有权请求损害赔偿:(一)重婚的;(二)有配偶者与他人同居的;(三)实施家庭暴力的;(四)虐待、遗弃家庭成员的。"我针对该法条中的每一个小点都找到了案例,并进行了案例分析,目前对离婚损害赔偿有了初步的了解。每写一个案例分析,我都觉得自己进步很多。同时,导师还教我利用可视化分析案例,这使我的思路更加清晰、明白,对案件的分析更加到位。案例分析是能使我对某部分法律知识有纵向的深入和了解、对知识的掌握更加牢固并贴近现实的一个工具。

这个暑期在浙江律匠律师事务所的实习,我受益颇多,不仅开拓了视野,还增长了知识。非常感谢学校能给予我们这样一次机会,也非常感谢律师事务所的老师、前辈们,我会牢牢记住这一段美好的时光。每一次的经历都是我人生路上不可或缺的一部分,它督促我在人生的道路上不断前行。

行是知之始

——北京观韬中茂（杭州）律师事务所暑期实习报告

2018级非诉法律实验班　冯平成

陶行知曾言："行是知之始，知是行之成。"正如这句话所说，只有知行合一，方能达到自己所追求的目标。而对于法学的学习，更要求法学专业的学生做到"知行合一"。如果把理论知识比作方向盘，那么实践就是轮胎。只有这两者紧密配合，才能使学习者在法学之路上行驶得更远，才能让自己的发展道路变得更清晰。

2019年的暑假，我非常荣幸地获得了在北京观韬中茂（杭州）律师事务所为期一个月的实习机会。在早先的见面会上，有导师说大一暑期的律师事务所实习就好比是"蜻蜓点水"。如果把律师这个职业看作一池湖水的话，由于知识水平有限和知识结构的不完整，大一学生在为期仅一个月的实习生活中，是体会不到湖水有多深的，而短期内能做的应当是在实践中尽力观察这湖水，粗略地了解律师这个行业，再反观实践中自己的不足，以实现自我的提升。在北京观韬中茂（杭州）律师事务所实习的一个月中，我对自己的要求就是多看多问。通过实践观察，我收获了很多课本上学不到的知识，学会了很多实务上必要的技巧。

作为一名准大二学生，在律师事务所实习干的工作不外乎最基础的实务性工作。在这一段实习期间，得益于导师的悉心指导和团队中律师哥哥姐姐的耐心帮助，我在这些基础的实务工作当中学到了大量只能在实践中才能收获的知识。

首先，我获得的是获取法律资讯工具方面的拓展。在学校的教学中,老师们倾向于推荐我们使用北大法宝、中国裁判文书网等偏向学术化多一些的网站,而这些网站往往存在数据库容量过小、数据内容略旧等问题。在实习期间,出于学习相关案件案例的需要,我了解到了多款适合快速查找法条的网站,例如 Openlaw,抑或是快速查找相关案例的网站,例如威科先行。这些新接触的法律网站,使我快速找到了想要找的相关法律内容。得益于这些"新工具",我获得了快速获取学术知识的渠道,也了解到更多的案例、案情,通过对它们的比较分析,加深了我对相关法律内容的认识。

其次,在实习工作中我受益匪浅的一项工作是整理归档卷宗。整理归档卷宗是一项麻烦甚至棘手的任务。因为每一个完结的案件所涉及的材料少则数十页,多则上百页。而整理归档卷宗最重要的一点就是要求有序,每一页材料都有自己的归属。多数情况下,许多卷宗的原材料都会有或多或少的缺失,需要后续补齐。如果要尽可能地让归档案件更加有序完整,整理者就需要对整理的案件案情有一个大概的通读。因此,整理归档案卷看似简单,实际上需要耗费大量的时间、精力。在熬过前期略显枯燥乏味的整理过程后,整个案卷就会被从头到尾完完整整地呈现出来,而这也是我最喜欢的部分。因为在一份完整有序的案卷当中,我可以清晰地看到整个案情的走向。从当事人与律师事务所之间委托合同的签署,到审判机关的程序性文件,到起诉状、答辩状和证据清单,再到最后的裁判文书,整个案件的脉络就会清晰地展现在眼前。而其中值得学习的内容异常丰富,它甚至可以说是鲜活的。在这当中,双方律师在承办处理案件时的思路、法官的判决立场对我而言是最具有启发性的,他们的想法、思路都值得推敲、借鉴,给我的思辨性思考带来了极大的助益。

在实习期间我还了解到了很多法律流程。在律师事务所实习的短短一个月中,我很幸运地旁观了律师事务所中某起案件二审诉讼的大部分流程——从一审案卷的提取,到证据的准备和分析讨论,再到最后的法庭审理。正是这一流程的参与使得我对律师的整个应诉准备过程有了大致了解。在这一过程中,杂乱的证据材料需要一一整合,整合好的证据还要对照法条进行一一分析,无用的证据还需剔除。在完成基本的证据梳理和分析之后,还需要准备法庭辩论,需要针对己方已有的有利证据和对方可能拥有的对己方不利证据设计攻防辩论。当中的每一环都很有可能影响案件判决的最后走向,因此每一步都需要谨慎对待。这个过程中,令我印象最深刻的环节是案情梳理和证据分析讨论。当导师根据法条和基本的审查原则,抽丝剥茧般层层剖析案件,最终找到最有力证据的那一刻,我觉得律师这个职业其实不单单是一种枯燥高压的工作,它也可以被赋予一种走迷宫般的乐趣。尽管过程艰辛,但问题解决所带来的满足感是极度喜人的。在我看来,一个律师的工作价值甚至是社会价值应该就是在这样一种成就感当中实现的。

在律师事务所的实习生活中,我明白的最重要的道理是,要想成为一名优秀律师,首先必须具备过硬的专业能力。在我看来,这种法学的专业能力,其实可以解构成两个方面:一方面是法学专业的知识掌握程度;另一方面则是法学专业的专业素养,或者说是专业习惯。

从掌握专业知识需要的角度来说,扎实的专业知识能够帮助律师在法律实务中有效提高工作效率,为客户提供更优质的法律服务。在实习期间,面对团队中律师哥哥姐姐所交代的任务,我总是会因为自身专业知识掌握程度不够而受到许多掣肘。因为还没系统学习过更多的法律条文、法律知识,即使是处理一些基本的法律问题,我也需要花大量的时间去查找各款法条,去翻阅大量的近似案例,以便通过对比来得出相关结论,但最后的结果可能仍然不尽如人意。正是从这一点上,我深刻明白了牢固掌握专业知识的重要性,对自己以前可能略浮于表面的学习方法做出了深刻反思。在以往的学习当中,我往往只是把侧重点放在课本的知识理论上,很少将学到的知识联系生活实际,很少去翻找查阅类似的案例加以分析而使自己对知识的记忆加深。正是由于缺少将理论与实际相结合,在一段时间过后我对知识的记忆就会加速消退。而这也反映到应对实务问题时,往往会感觉似曾相识,却因为自己缺少知识体系的支撑而无从下手,最终导致效率低下。

从法学专业素养来看,培养优秀的法律事务习惯是减少纰漏与错误的最好办法。在实习期间,我练习写过许多次法律文书(包括驳回回避申请、租赁合同等)。在写这些文书时,尽管我知道文本的大致内容,但在落笔时往往会因为词不达意或者语句不够练达等问题而感到头疼。在法律文书的书写中,尤其需要将平时所谓的"大白话"转化为"法言法语",以求法律文书在凝练简达的同时具有充分的专业性。而要解决这些问题,我觉得我还需要不断提升自己的语言表达能力以及牢固掌握法律语言的运用,而这也是专业素养所要求的一部分。联系自己日常在学校中的学习,我确实对"法言法语"的运用不够严谨,对某些法学专业词汇的用法并未深究。平时写一些小的课题论文时,我对词汇语句的凝练程度并未予以重视,往往是洋洋洒洒地写完之后发现其中出现了零星的语句问题例如歧义、重复等。与此同时,良好的专业习惯也能进一步提高实务能力。例如,在书写法律文书时,格式规范也是一项重要的要求。规范的格式既能帮助自己梳理清楚案情脉络,也能在审判环节给予审判人员方便。而不规范的书写格式,甚至可能会直接导致法律文书不具有法律效力。因此,良好的法律专业习惯往往会在细节上助推实务工作,使其顺利进行。

在北京观韬中茂(杭州)律师事务所实习的这段经历,是我第一次切实意义上接触到律师的工作和律师这个职业。尽管只有短短一个月的时间,但这次实习让我更加深入地了解了律师这个职业群体,明白了理论和实践中存在的某些偏差,让我懂得了法学是一门实践性十足的专业。只有正确的理论指导和良性的实践反馈,才能真正推动法学的发展,推动中国的法制建设。除了获得许多实务性工作上的知识和经验,我也更加了解到自己目前存在的不足,以及今后需要前进的方向。

浙江允道律师事务所实习心得

2018 级非诉法律实验班　韩亦清

一、实习之路

很幸运,浙江允道律师事务所律师杨甜成为我的导师。她本科毕业于浙江财经大学,研究生毕业于浙江大学光华法学院,擅长企业中的债权债务纠纷、合同审核和法律风险规避以及各种刑事案件的辩护。她从 2004 年开始从事法律工作,曾在大型建筑房地产企业、外资企业担任法务管理人员,从 2008 年开始投身律师行业。在多年的学习和实务工作中,她积累了大量的诉讼与非诉经验,服务于多家企事业单位,担任法律顾问,涉足的领域包括合同管理、劳动人事制度设立和优化、账款催收管理、知识产权保护、法律培训、法律体检、股权设置等。如今杨甜导师已是一名资质深厚的律师。

我第一次看到杨律师时,其实远比实务导师聘任仪式早很多,大概是在一次校友返校的活动中,通过照片看到了杨律师。她很漂亮,一身西装透露出干练和自信。在后期真正的接触中,我更加切实地体会到杨律师作为一个法律人的职业素养和人格魅力。工作时的杨律师真的很亲切,同时也不忘她身为一位老师的责任和义务。她会在工作中点出错误,却不会让我们觉得害怕和尴尬;她会在上班的路上讲述她以前的经历,让我们少走弯路;她会在朋友圈里分享自己的文章,配上幽默风趣的辞藻,激起我们学习的好奇心;她会在吃饭时和我们唠嗑;她会在下雨天提醒我们早归……她有时口头讲解,有时身体力行,潜移默化中,教授了我们很多学校里学不到的东西,其中不仅包括法律实务的知识,更有为人处事、待人接物的道理。杨律师的身上似乎总有我们学不完的东西,我想这就是我期盼的实务导师应有的样子吧。

二、实践感悟

2019 年 7 月 5 日,我的实习生活正式开始了。一个月的时间,说它长其实并不长,它只是我法律理论学习过程中短短的一个停歇,仿佛眨眼间就过去了;要说它短,其实也不短,因为它仿佛填满了我的暑假生活,使暑期里的其他日子变得不那么重要。不过,可以肯定的是,这个月我很高兴,因为我想要的样子它都有了,我想要的收获与体悟它也都给我了。

现在回想,我还清晰地记得,这个月的第一天,等待电梯门打开时的那份紧张与期望。迈入允道事务所的大门,看到了笔挺的西装、绿色的盆栽、洽谈室刚泡的碧螺春,以及打印机里陆续打印出来的文件……没错,这就是我想要的样子——严谨、有序、忙碌、充满生机。

实习的第一周,我第一次接近法律实务,留下颇多感悟的就是阅读卷宗。阅读一本卷宗,就像看一部纪录片,我首先被惊艳到的就是它的完整性,从最初的收案登记、审批表开始,到最后的办案小结扫尾,大到代理词和判决书,小到传票和出庭通知书,它就像是电影的回放,记录了长达几个月甚至更久的案件进程。其次,它的严谨性也令人惊叹。从案卷的形式上来看,它就像一本由律师事务所、当事人、法院三者共同编写的书,目录与后续材料一一对应,内容顺序又与实际办案程序相互吻合;而在一些细节方面,如小目录的列举、主件和辅件的排列等,也无一不体现了"严谨"两字。

卷宗是很好的学习资料,即使没有亲身参与或者接触过一个案子,阅读卷宗也可以让我知悉一二。比较一审和二审的卷宗,就能知道办理二审的案子需要充分了解一审的情况,以此为基础;分析过被上诉人的委托代理人的卷宗,就能知道这样的身份决定了要以对方的上诉理由作为出发点,对上诉理由一一进行辩驳,其中也包括关注对方提供的证据的效力问题;钻研过原告的委托代理人的卷宗,就能知道原告的委托代理人重在达到诉讼请求,理解合同事项、实际情况,证明诉讼请求的正当性才是重点……

阅读卷宗相当于了解法律实务,和学校里教的案例分析相比,它给人的感觉完全不一样。实务法律的案件更复杂,目标性更强,在代理词中,它的内容往往详略分明,直击重点,融汇运用多本不同的法条;而平时学习的案例分析虽有详略,但略显烦琐冗长,更侧重于逻辑思维能力的训练,在法条的运用种类方面比较单一。对于像我这种第一次接触法律实务的实习生来说,卷宗里的每张每页都是值得学习的内容,即便在未来的某一天我完成了学校的学业,但我觉得我的学习旅程也还是处于"革命尚未成功,同志还需努力"的阶段。而这一次的实习无疑是理论与实践的结合,帮助我更好地解决过去的疑惑,收获新的知识,同时让我明确了学习方法上的不足以及未来进取的方向。

在接下来的实习生活中,我有幸接触了一个关于房屋租赁合同纠纷的民事案件。我方是原告的委托代理人,欲达到的目标是诉讼请求中列举的七项内容。从我方的身份来看,我发现在前期列出证据去证明这些诉讼请求的正当性是至关重要的。这就需要我方充分理解合同约定的事项和实际情况,以此作为基础。然而刚刚接触本案时,我就迷失在复杂的时间顺序和费用计算中。之后,我觉得对我了解案件起重要帮助的是准确的事件流程图以及对合同相关事项的精读。案件复杂,但若事件流程图清晰,它就不会难懂;合同条款繁多,但真正涉及的才是需要研读的。通过两者的对比,陈述被告的违法行为以及原告的权利,从而为原告证明诉讼请求的正当性和合理性。到了这个案件的后期,杨律师收到了回函。在听了杨律师的精心讲解之后,我才了解到回函是了解对方辩驳的重要线索,只有仔细考虑回函的说法,才能写出一篇比较完善的代理词。一篇好的代理词,它不仅要严谨、全面、有逻辑性,而且要像一个网球拍一样把对方抛过来的理由反驳回去,这就需要准确认识到对方辩驳的焦点在哪里,他的证据又是什么。研究对方的回函,抓住对方的漏洞和不当之处,使其证据无效,说法不成立。

在进一步了解法律实务的同时,我和其他同事也渐渐熟络起来。很高兴的是,在浙江允道律师事务所里还有两名实习生,她们是我的学姐。她们教会了我很多办公小技巧,例如熟练运用 PPT、Excel、XMind 等多种电脑软件,正确地使用复印机、传真机以及如何制作合同的封面等。

当然,除此之外,"自学"两字也是必不可少的。在这次实习期间,在学习方面,由于杨律师的擅长领域并不在我之前学习的理论课程里,所以我利用空闲的时间阅读了公司法的法条,浏览了一些关于公司法的注释以及文章;而在平时的工作中,我觉得"自学"两字不仅仅只是自己学习的意思,更多的是自己琢磨、自己摸索的意思。就像我在实习期间整理卷宗时,不会有人特意放下手头的工作来教这一基础的工作,他们一般只会给一份先前的卷宗作为模板,但这就相当于机器"说明书",如果我要真正完成这项工作,就需要自己去学习、自己去琢磨、自己去摸索,或观察,或总结。股权商事的热点搜集、表格数据的校对审核等工作都需要我通过自学的方式掌握。因此,"自学"两字给我留下了深刻的印象。

感谢学院给了我这个实习的机会,使我脱离了原本舒适的学校生活。在实习期间,我和社会上形形色色的人打招呼,学习杨律师处理一个又一个问题的方法,并且时时反省自己,总结经验。在这四周的时间里我发现自己的社会适应能力和人际交往能力都在一些日常小事中得到了培养,有时自己的不良情绪也可以很好地控制住了。

言而总之,无论是在法律实务知识方面还是在个人能力培养方面,我都得到了很多收获,总结了不少经验。

一个月的时间转瞬即逝,我人生中的第一次实习也落下了帷幕。但每一天的实习生活却像精彩的节目深深印在了我的脑海里:每天早晨七点的闹铃,每天中午十二点的欢笑,每天傍晚六点的人流与汽车的轰鸣声，每天晚上七点的菜香，还有每天不一样的收获和越来越热爱法学的心。现在，坐在电脑前，回想总结这一个月的实习生涯，收获与体悟真的太多太多。我的心变得比以往更加宁静，我在处事方面变得比过去更加成熟。也许这一个月很辛苦，但我的回忆里充满了感恩，很感谢这次难得的实习机会给我的大学生活添上了精彩的一笔，很感谢我的实务导师杨甜律师在法律实务和为人处事、待人接物方面对我的教导。希望这次实习之旅可以成为我未来越变越好的基石。

浙江仁谐律师事务所实习体会

2018级非诉法律实验班　贺劲贤

一、实习之路

我的导师——浙江仁谐律师事务所主任刘涛,专业从事律师行业近30年,致力于金融票据行业的民、刑事诉讼业务和非诉业务,业内人称"票据刘"。

浙江仁谐律师事务所,前身为北京浩天信和律师事务所"票据刘"团队。刘涛导师于1980年入伍,参加陆一师炮兵团,于1983年退伍,从事过商业,也从事过政治工作,于1990年8月考取律师资格证后专职律师执业,从事多项业务后,又选择归一,只做票据业务,这一做就是20多年,打下"票据刘"的名声。同时,浙江仁谐律师事务所也是国内首家采用"法律＋互联网＋金融＋众筹"商业模式的律师事务所,设有全国票据争议解决与危机化解中心,并在全国众筹设立了多家办公室(律师事务所)。导师独创"以诉促调、以调促易、以易化解"的十二字方针,在新常态下探索律师法律服务产品定位,以法律为根本出发点,利用互联网快捷、全方位的特点,以及利用联合众筹的资源性和金融资产的固有属性进行有机结合,由点线面切入,使社会资源以及票据案件形成漏斗式的聚合收集、良性循环的生态圈。

非常有幸能有此次实习机会,与"仁谐"相遇,与刘涛导师相遇,能在"仁谐"体验律师工作,学习实务技能,并与刘涛导师建立良好的师生关系。

实践感悟

(一)平凡之路

作为2018级法学非诉班的一员,我一直活在自己很优秀的幻想中,直到此次实习,我才深刻认识到自己是多么的平凡,甚至是平庸。

"你坐在那里干什么?"我与导师的第一次见面就在这一声疑问中开始了。"我在看《合同法》。"我颤巍巍地答道。"书是哪里来的?"刘涛导师接着问道。我说是我自己带来的,想在空闲的时候看下,自己想来这样做也没错。这时导师突然严肃起来,你有没有搞清楚状况,你来这里是学习实务的,哪有时间看这些书,在这里就是要学会没事找事做,看书回学校看去。接着导师又问了我很多其他问题,脑子陷入空白的我,一个也答不上来。看着导师失望的表情,我不知所措。这时导师丢过来一本书让我好好看,是杭州律协编著的与杭州律师事务所管理规范有关的书。我与导师的第一次见面算是结束了,当然结果是极其糟糕的。这时,刚有几天工作经历的学姐过来安慰我,说刘涛导师就是这样,该说就说,你好好跟着导师学,一定能收获很多,我默默点头。这一次是之后刘涛导师对我一个月实习教导的开始与缩影。之后的实习生活,我总是毛手毛脚的,做错了很多事情,整理案卷时囿于案情内容,写通讯稿时用错词,发推送时忘记放标题,甚至连倒水都不会了,浇花都不会浇了,到最后连说话也不会了。实习前曾信誓旦旦觉得自己能应付一切困难,至少不会做得太差,可现实给我浇了一盆冷水,我现在才明白实习没那么简单,做律师也没有那么简单。

(二)收获之路

虽然我天天做错事,导师也天天批评我,但是刘涛导师对我的悉心教导从未停止过,更幸运的是"仁谐"作为一个个人律所,刘涛导师能时刻关注到我,并用他的方式对我进行言传身教。其中有几次教导令我至今印象深刻。

第一,匠人精神。这话从老师口中说出,我才意识到律师也是匠人,在此之前,我居然没有这样的意识。律师的成长和工匠一样是需要有师傅领进门的,还需要长年累月的积累。老师讲解了律师的"三五八原则"——学习三年、实习五年,这样一个律师才算入门。

匠人,不局限于培养周期长,还要体现其匠人精神,细致、一丝不苟地为委托人服务,还要有强烈的责任心,我们是受委托人委托,为其服务的,我们可以得到委托人很多信息资料,甚至涉及委托人的秘密。作为被委托人的律师,要有充分的责任心,才能对得起委托人的那一份信任。这是老师在卷宗材料和委托书的讲解中,为我展现的道理。

第二,不要总是"我认为"。这是在一次招聘会上导师对一个前来应聘的学姐的忠告,也是对我的教导,律师要用自己掌握的案件事实来说服法官,维护委托人的利益,而"我认为"是最没有说服力的话,对法官就要讲事实、讲法律。同时,与老板相处时,也不要时刻把"我认为"挂在嘴边,我总因为这三个字被导师教导,老板眼中的好员工是能为他拿出结果的,而不是总说"我认为"应该怎么样。事务所和校院不一样,这里不是我们用来讨论自己观点的地方。

第三,抓住一切机会学习。刘涛导师非常鼓励我去参加各种活动,导师经常把多听、多看、多学挂在嘴边,他总说听不懂不要紧,就算感受下氛围也是好的。在此观念和导师的帮助下,我参加了六善所的"法律检索讲堂"——票据业大佬汇聚的票据峰会,甚至有幸参加了首届钱塘法律峰会暨第五届杭州律师论坛。在杭州律师论坛中,我见识到了杭州青年律师们的风采,看到了自己今后需要努力的目标。与他们相比,我发现自己连最基础的案例检索都还没掌握好,而他们已经用检索到的案例来为自己的论文提供依据了。最让我惊叹的是他们发现问题的能力,我也曾尝试写过论文,却苦于找不到问题,而上台演讲自己论文的优秀前辈,他们几乎每个人都能从自己的实务中发现问题,而且尝试去解决它。律师要保持好奇心和执行力,而我好奇心不够,执行力不强,做一件事情总是拖很久,还完成不了。抓住一切学习机会才能见识到更多,更能认识到自己的不足。学无止境,只局限于校园书本知识的我如井底之蛙,这段实习经历让我知道,外面还有更加广阔的天地等着我去了解。

第四,好奇心、细心、有恒心。这"三心"的教导贯穿于我的整个实习生活。好奇心,即对各种事物充满好奇心,即使是一张简简单单的发票,刘涛导师也可以给我们讲半小时,给我们展现一个发票的世界;一张邀请函,导师以此教导我要从中看出他参加了什么活动,活动流程是怎样的,还可以以此来给他写一篇推送稿,用于公众号发表,这便是好奇心的简单运用。细心,当我第一天来实习,我就体会到了一名律师所需要的细心。在我们的办公桌上,我们需要做的事情,事无巨细,该怎么做皆有详细的标注。导师常说,作为律师,只要出一小点差错,就是对你的委托人不负责,如果你开庭忘带什么资料,那你的整个律师生涯就完了。细心既是对委托人负责,也是对自己负责。有恒心,在我们与导师互选的那天,我其实有个没问出口的问题,律师是一个需要投入大量时间和精力的职业,而各位导师是如何坚持对其职业始终热爱的呢?我的导师给了我答案。刘涛律师做律师已近三十年,本来已经可以过着喝茶打牌的悠闲生活,最后却仍坚守在律师岗位上,并站在律师发展的前头,专注票据行业,探索着专业律师事务所的发展模式。这便是恒心,专注于一个目标前行。

刘涛导师给我讲"三心",同时他自己也坚持做到"三心"。对我来说,得学习导师,先做到有恒心,再慢慢培养其他"二心",努力向着成为一名优秀律师前进。

第五,责任意识。这是实习过程中的一个小插曲,对我来说却是刻骨铭心的。因为仁谐律师事务所进门需要职工证,而我是实习生,导师出于考虑,并没有给我职工证。与我一同在所里工作的小王因为到办公室比我晚就把职工证交给我保管了一天,而这天小王刚好生病请假了。导师就问到了职工证的情况,发现职工证在我这里。事后导师找我谈话,我才意识到,拿了职工证,可以进出律师事务所的同时意味着我要对律师事务所里的财物和信息负责,我就要担当起应有的责任。作为一个学法之人,我没想到自己的法律意识和责任意识竟如此淡薄,故将此事铭记在心,时刻提醒自己要提高责任意识。

(三)感恩之路

在刘涛导师手下一个月的魔鬼式实习期里,虽然我时时错,事事错,但导师仍然坚持教导我,嘴上时时说着算了算了,却仍然给我分配事情做。当我做错了,他仍然耐心地跟我讲解,哪怕他当时特别忙。在教导其他同事时,他也不忘叫上我一起听。没有哪个律师事务所的导师会像他这样对学生言传身教,凡事亲力亲为;没有哪个老板会在他的员工一次次做错后选择原谅,并继续耐心教导。

实习时我总是抱怨导师很少表扬我,实习后才发现导师始终如一的教导才是最珍贵的。记得实习期的最后一天,在与导师的"散伙饭"上,导师仍不忘教导我要好好学习,学东西时要好好学,把它学精,培养出自己的一技之长。

(四)蜕变之路

短短的一个月里,我经历了太多太多,花费三十天整理完两个卷宗,学会如何邮寄文件,学会写通讯稿,学会做推送,学会用已有的资源解决问题,学会抓住机会学习,学会……

在这一个月里我哭过,也笑过,这段不寻常的经历注定让我受用终生。正如导师在招聘会上所讲,经历过重重险阻,才能看到那一线天的光彩。

第一次见面时,刘涛导师就讲到缘,讲到一群有缘人走到一起,共同来完成打造百年"仁谐"的目标。我也是因为缘,和刘涛导师有了一个月的相处时间。虽然现在我已重返校园,但是我想我与导师的缘分仍在,我将谨记导师的教导,继续自己的蜕变之路,做一个合格的法律人。

刘涛导师,愿再相见时,我能看到一个更好的"仁谐",您能看到一个更好的我。

法海无涯　砥砺前行

——浙江允道律师事务所实习报告

2018级非诉法律实验班　胡智维

2019年的7月,于我而言,意义非凡。

在学院提供的平台下,在杨甜律师的指导下,我很荣幸地在浙江允道律师事务所进行了为期一个月的实习生活,实现了由一个法盲向法律人的初级进化。

我的实务导师,于我而言,简直就是律师届的女神。作为浙江允道律师事务所创始合伙人的她,不仅拥有各种各样的社会任职经历,还获得过不计其数的社会荣誉,简直就是"明明可以靠颜值,却非要靠才华"的不二人选。

初见杨律师,是在学院的电梯口,当我第一眼见到她时,我就被她的美貌和气质所吸引。在这之前,我脑海里的律师大部分都是西装革履的中年大叔,竟没想到还会有如此年轻又好看的女律师。抱着一颗崇拜又好奇的心,在导师见面会一开始的时候,我就迫不及待地去寻找这位让我印象深刻的律师,并通过前面的台签得知了她的名字——杨甜。果不其然,杨律师不仅名字甜,长得甜,连性格都非常甜。当她透过话筒用那温柔而又坚定的声音向我们诉说她的学习生涯、工作经历,并为我们排疑解难时,我感受到了一种律师所特有的自信和睿智。

后来,我如愿成了杨律师的学生。我跟着杨律师在"允道所"实习了一个月,不仅在法律学习方面受益匪浅,而且更好地了解了如何做好一个法律人。

一、实习阶段主要工作和心得

（一）公众号选题

实习的第一天上午，杨律师就组织我们四个实习生（包括两个大二学姐）和刚入职的律师助理——陈燕妮小姐姐进行了一个简短的会议。会议的内容主要是相互认识以及布置工作和分配任务。鉴于我和小韩大一刚结束，所学的内容并不丰富，于是杨律师就把我们分为两个梯队，直接和她对接的是陈燕妮姐姐和另一个大二学姐——小何姐姐，我们俩则负责和两个姐姐对接。

在那天的会议上，杨律师先向我们介绍了她自己。她主要负责的是非诉业务，主要处理一些股权架构设计、股权激励、股权投融资等商事法律服务。因此，她有一个公众号"股权观察室"。这个公众号每周都要出一篇原创的文章，内容大部分都和股权有关。我们几个的任务就是每周去寻找一个热点，然后去思考这一热点事件所引发的问题，当然，内容必须和股权相关。同时，她告知我们以后每周一都要开例会来确定下一周的选题。

说实话，刚领到这个任务的时候，我是一脸懵。首先，我对股权一点都不了解，更别提从什么角度去写；其次，我甚至都不知道应该从哪里去找热点：百度、公众号、文书网？怀着忐忑的心，我决定从杨老师自己的公众号出发，先去了解一下她曾经写过的内容。于是，我花了大半个下午，读完了杨老师近半年的文章，虽说只是粗略地看了一遍，但是大致内容我心里已经有个底了。然而当我真正着手寻找内容时，仍然处处碰壁：浏览器上的资料不是太过简洁就是太没意思；当我找到一个感觉还不错的资料时，发现这已经是好久以前发生的事情了；就算好不容易找到了一个近期稍微有点意思的报道，我又挖掘不出里面的精髓，联想不到究竟应该提一些什么问题，写一些什么内容。

终于，在深思熟虑之后，我选择了一起有关外国人隐名代持股份的股权转让纠纷案。我将网上看到的内容复制下来，并用红字标出重点，最后在结尾处提了三个我觉得可以着手的点。说实话，一开始我对自己完成的任务还是非常满意的，但是当我看到选题会上两位姐姐展示的内容以及提出的观点、看法时，我自愧不如，她们的资料不仅总结得非常好，而且内容也非常有新意。就拿小陈姐姐的内容来说，她从关键词、题目方向、观点冲突、写法、总结等方面分析，整个文档言简意赅，只是在最后的地方附上了几篇相关文章的链接。再看看我的内容，除了提及的几个问题，没有任何自己思考的内容，相比之下，显得毫无深度。当然，除了内容的总结，在选题方面，我们也远远不如小陈姐姐。她总能找到一些类似于"喜茶""巴比馒头""小米"等比较吸引人的点，而我和小韩实在是找不出来，于是在某一次会上，我们就请教小陈姐姐，她究竟是如何找到这些内容的。她告诉我们，要善于运用网络，多关注一些公众号，不能把眼光局限于法律这一方面，平时要多看看经济类的新闻，多看就一定会有收获。

（二）做前台

和其他实习的小伙伴相比，做前台一定是我们在"允道所"独有的经历。因为进去实习的时候恰逢允道所搬位子，人员的流动性也非常大。我们实习的第一天，行政助理和前台都辞职了，由于前台岗位暂时空缺，叶主任安排我们四个实习生一人一天轮流做前台。

当前台，看似简单，但其实也需要花费很多的心思。烧水、寄收快递、打印资料、整理会客室等琐碎的小事特别能考验一个人的细心程度，接待客人则特别能考验一个人面对突发状况的应变能力。在当前台的那几天，我遇到过各式各样的情况，也偶尔碰见过几个不耐烦的客人，有时候也会手足无措，但是保持笑容和冷静处理一定是解决此类问题的最好方法。

虽然说每一个行业都有自己的重要性，但是在当前台的那段时间，我还是深刻意识到学历的重要性。虽说前台业务脑力上确实相对轻松，但是身体却很累，中午甚至都不敢睡上一觉，就怕突然来客人。而从事脑力劳动的律师们，虽说工作量很大，有时甚至要加班，但是当其将自己的智慧付诸实际案件时的那种高兴是无法形容的。

于是,我默默告诫自己:无论如何,学习都是最重要的,想要实现自己最大的价值,必须努力学习。

(三)看卷宗、写心得

之前听别人的实习经历,都说进律师事务所的第一件事就是整理卷宗,但因为我的实务老师主打商事服务,偶尔会跟着处理几件民事纠纷案,所以现有的卷宗也不多,就给了我们几份已经整理好的卷宗,让我们阅读后写心得。

说实话,刚拿到卷宗的时候,看着如此厚重的几大本,我的内心既震惊又慌张,不知道何时才能看完。但是,当我粗略一翻,大致了解内容后,我发现看卷宗、写心得其实也没有想象中那么可怕。每本卷宗看着都很厚,其实里面的内容大部分都是证据,真正需要我们品味的知识点并不多。我甚至觉得整理卷宗也并非一件难事,只要按照顺序把资料编排在一起就好了。

正当我快要将卷宗随意看完之时,杨老师通过微信发来了一段话,内容大致是告诉我们看卷宗不仅仅只是看,还要学会自己思考。当你了解事情的缘由之后,要学会通过阅读证据,问自己这些问题:如果你是法官,你会如何定罪?如果你是律师,你又会如何替自己的当事人主张权利。当你把所有问题都想过之后,再看看经手律师写的代理词,看一看有没有什么内容是自己没有想到的,为什么想不到,等等。

在杨老师的建议下,我开始第二遍阅读。这一次,我不停地做笔记,不停地问自己各种问题,果然这一遍从卷宗中看到了不一样的一面,并将它们归纳总结成以下四个点。

1.目录编排、资料收集是卷宗的基础

如何将一堆杂乱无章的资料整合成为一本卷宗,首先要做的事就是制定一个合理的目录表。当你面对一堆杂乱无章的文件时,如果没有大致的放置顺序及流程概念,你往往会无从下手;而这时,一

个合理严谨的目录表则会给你提供很多帮助。同时,目录制定的好坏也决定着一本卷宗能不能合规格。如果目录的顺序错误或者内容缺少,那么整本卷宗就会显得没有条理并且不够严谨。当目录确定完成之后,就需要将目录里所包含的资料一一收集起来,按照顺序装订好。这里值得一提的是,案卷里的材料并不是一家独唱,还需要有对方提交的证据和相关法律文书。

2.办案思路是卷宗的灵魂

一本卷宗其实就是在完整地再现一个案件的诉讼流程,是律师办案思路的书面载体。对于每一本卷宗,我们不仅要了解它的组成内容和顺序,更要深度剖析其内涵,研究承办律师的思路,琢磨他为什么会这么想,为什么抓住这个焦点,如何想到这个突破口,为什么自己没有想到,并且思考自己在分析的时候忽视了哪些东西,等等。

一本完整的卷宗,包含了收案、接受委托、调查取证、会见当事人、证据编用、庭审过程,以及庭后的必要工作等资料记载。通过对案卷的学习,可以对办案程序有一个比较宏观的了解和把握。以其中的刘某房屋买卖合同纠纷案为例,虽然我没有参与到案子中,但是通过阅读卷宗,我仍有一种协助办案的感觉。从民事起诉状中,我了解了案件的案由;从访谈笔录中对被告邵某预设的提问,我感受到了律师询问问题时的层层递进;从代理词中,我知晓了律师对该案件的论证思路,以及其所抓住的某一个突破口。这里不得不提一下这个代理词,在大一半年的学习中,我也接触了很多类似于案例分析的题目,也写过不少内容,但看到律师们所写的代理词时,才意识到,自己曾经写的东西是那么夸夸其谈,不着重点。不得不感叹,实务和理论的学习还是有些许不同的,在今后的学习中还需努力历练。

3.证据是卷宗的支柱

在一个诉讼流程中,能否胜诉,证据起到了关键作用。同样,在一本卷宗中,证据也是占据了半壁江山的。随便翻阅一本卷宗,就可以发现,大概一半的内容都是证据,有借款收条凭证、各类信息表,以及和本案件有些许相似或者涉及某些相同内容的法院判决。总而言之,只要和案件有一点关联,并且能够帮助当事人胜诉的任何信息都不能放过,都可以成为证据。

4. 细节信息是卷宗的闪光点

在第一遍翻阅卷宗的时候,我发现里面有一些其他案件的法律判决,当时有一些懵,后来看了里面标注的内容,才意识到原来这几个案子和本案都或多或少有一些联系。于是我不得不佩服律师们寻找信息的能力,如果他们没有见多识广的水平,是很难去想到和找到与这些有关联的信息的。其中还有很多资料信息,乍一看感觉和案件没有什么关系,但仔细分析下来,确实可以作为证据中的一环。看样子,要想成为一名优秀律师,必须得有"火眼金睛",能够拥有寻找他人不易发现的信息的能力;而这些信息,正是诉讼中胜诉的垫脚石,也是整个卷宗的闪光点。

5. 听仲裁庭

在此次实习中,我有幸旁听了一起有关劳动人事争议的仲裁,并再一次对杨老师产生了崇拜心理。由于这次仲裁的主要目的是质证,所以整场仲裁下来大部分的时间就是双方互相提供新的证据,并就对方提出的证据进行辩解。大概看到一半的时候,我和小韩推定,对方当事人旁边的那位应该属于第三人,因为半程下来,她显得特别慌张,甚至连话都说不清楚,说话声音特别轻。相比之下,杨律师显得非常从容、淡定。无论对方提什么问题,杨律师都能以一种不失礼貌的微笑和口吻进行反驳,从容之中更多的是一种自信。快要结束的关头,对方犯了一个极为重要的错误,他们没有事先通知首席仲裁员有证人出席,并且让证人旁听了前面的所有内容。也正是这一点,让我更加确定,对方一定不是一个律师。

听完了此次仲裁,我意识到,无论是在法庭、仲裁庭上,还是在其他场合,咄咄逼人都是没有用的,必须学会就事论事,明道理,讲道理。另外,无论处于多么被动的地位,气场和自信始终都不能缺失。

二、实习的生活琐碎和感悟

刚进律师事务所的时候，面对一张张严肃而又陌生的面孔，难免有些紧张。但是，相处两三天后，我渐渐融入了律师事务所这个大家庭，这个地方远没有我想象中的那么可怕，相比之下，是那么融洽、和谐。

由于杨律师团队下只有陈燕妮姐姐和我们几个实习生，而且小陈姐姐也是今年刚从西南政法大学毕业来到律师事务所的，所以和我们特别处得来。我们会一起研究计算机，研究数学公式，她也常常替我排忧解难，给我讲述学习上的经验和心得，休息的时候，我们也会一起去探讨楼下美食，成为饭桌前无所不谈的姐妹。

律师事务所的其他几位前辈，虽说有些年长，但是也不乏亲切，不仅积极地给予我们学习、工作上的帮助，偶尔也会跟我们开开玩笑，有时候，还会请我们吃饭、喝饮料。不得不说，"允道所"就是一个温暖的大家庭！

不知不觉中，一个月的实习生活就这样悄然结束了。在这短暂而充实的实习过程中，我深感自己所学知识的匮乏。通过大一半年的学习，感觉自己已经懂了一点法律，但是在现实生活中，才感受到什么叫作法海无涯。也正是通过这次实习，我对法学有了一种豁然开朗的感觉。法学作为一门实践性很强的学科，不仅需要理论的指导，更重要的是在实践中完成发展。

我想，我今后的路还很长，当下所能够做的就是用大量的理论知识来武装自己，培养法律思维和社会人文素养。

北京天达共和(杭州)律师事务所实习报告

2018 级非诉法律实验班　化靖涵

一、概　述

(一)实习目的

为了提高自身的综合素质,满足学校班级特色要求,丰富自身暑假生活,了解实践和理论的区别,因此参与了此次实习活动。我们从小学起就一直在课堂上学习基础的知识理论,难以将其用于实际当中,因此缺乏一定的动手操作能力,于是实习就有了必要性。实习是我们搭建理论和实践之间桥梁的方式,通过实践,我们能够初步了解自己所学的理论知识是如何在实践中得以应用,也能够渐渐知道一个岗位在日常中应当完成哪些工作、需要具备哪些技能才能胜任这份工作。通过实践,我们在日后的学习中会更具有针对性,日后走上工作岗位也会更从容。

(二)实习时间

2019 年 7 月 9 日至 2019 年 8 月 8 日。

（三）实习单位基本情况

北京天达共和律师事务所系原天达律师事务所与原共和律师事务所于 2014 年合并而成的一家大型综合律师事务所,总部位于北京,在上海、深圳、武汉、杭州设有办公室,此次实习地点为北京天达共和(杭州)律师事务所。

（四）实习岗位基本情况

主要是在律师事务所内担任实习生。首先是协助律师事务所内律师的日常工作,包括打印装订文件、查询资料、整理卷宗、文书,以及辅导开展一些案件;其次是自学,主要是在对房屋租赁有一定了解的基础上,打牢文书功底;最后是完成一些基础的实践工作,包括现场的考察,接待客户,写法律意见书等。

二、实习体会与经验

（一）完成工作情况

在这次为期一个月的实习生活中,共完成下列工作:修改三份合同、校对两篇文档、写过两次法律意见书、手打了三篇文档、写过一次答辩状、协助完成一次新法规推送、实地调查两家公司基本情况、归档卷宗及打印文件等。

（二）实习收获

通地本次实习,首先,我明白了文书对于律师工作的重要性。文书工作在律师工作中处处可见,出具法律意见、写答辩状、修改合同、写合同等都需要律师有着深厚的文书功底。而在此次实习生活中,从翻阅已经写好的法律意见书,到校对文档,再到最后的实践操作,由浅入深,加之训练,每次锻炼都要求用法律的语言把事情表述出来，要有专业性，从而体现自身的职业素养。而通过这一次次的锻炼，我的文字功底得到了一定的提高，同时也有了一些体会。

这次实习的收获，其次便是对出具房屋租赁意见书有了基本的了解，有了自己的体会，其过程亦是由浅而深，层层深入。先自己阅读房屋租赁的法律意见书，了解其基本格式，明白各文档的排列顺序，了解其内在逻辑性；然后实地考察，将意见书上的内容与实际对应，尤其是图纸内容与建筑的对应；最后自己动手写法律意见书。通过这一系列的学习，我明白了出具一份关于房屋租赁法律意见书的基本流程。

于我而言，此次实习最大的收获则是切身感受到了一个律师事务所的工作氛围，这激起了我对这个行业的兴趣，让我逐渐喜欢上了这一份工作。我也了解到律师是真正考验一个人综合素质的职业。对于我，这份职业不仅需要动手，要求实际操作，比如实地考察、搜集证据；还需要动脑，考虑如何将实际情况与法律相结合，比如出具法律意见书、写答辩状等。同时，法律的不断变化，又要求律师要与时俱进，不断创新；各地方法规的差异，对于涉及多地的案件，又要求律师能够快速适应，对不同情况做出反应；在法庭上，律师要有临场应变能力，来应对对手的各种刁难。对于他人，在团队中，律师要有团队合作能力，善于利用团队和他人的帮助来解决问题。在接待客户时，又考验律师的交际能力、职业素养和口才。交际能力能够帮助我们获取充足的案源，职业素养则让我们能够获取客户的信任，也能够让我们有充分的自信去处理客户的问题，而口才则让我们能够把法律的语言以平实的语言告诉客户，让客户理解。在对待对手和法官时，又要求律师有端庄的仪态、足够的风度。同时，一个案件如若涉及多地，需要到处奔波，或者案情复杂，需要加班加点，这就要求律师要有良好的身体素质。但是，在我看来，对于律师最为困难的事情便是道德与法律之间的纠结吧。好人需要律师的辩护，坏人同样也需要律师的辩护，如果我们为恶人辩护，该以何种态度，或者一个好人触犯法律，又该如何评判，等等。当一名律师遇到这些问题时，考验的不仅仅是律师的职业素养，更多的是他的职业道德、职业伦理吧。

由此可见,律师是一个十分具有挑战性的工作,我希望自己能够接受这些挑战。

(三)实习中的不足

通过这次的实习生活,我了解了自身的弱点,也明白了自己需要改进的地方。首先,待人接物方面,交际是律师工作中的一个必要环节,无论是对待客户还是对待他人,一个律师都要有一定的交际能力。待人接物的恰当合适,能够显示出一名律师做事的成熟、老道,这样便会给人信任感,让人放心。但是,对于刚刚从学校走出的我们,从小打交道最多的便是老师、父母、同学,而这些人都是我们非常熟悉的人,在他们面前的表现也就十分自然了。但是律师不一样,他们可能每天都要和不同的人打交道,无论是面对面的还是线上的,这都是一个必不可少的环节。而对我来说,在不熟悉的人面前可能就会窘迫,表现也会不自然,这也就影响了我的思考和表达能力,这是需要改正的地方。

其次,还需要改正的便是自己对多件事情无法做到合理规划。在实习期快要结束的时候,老师和律师事务所里的另一位老师都给我布置了写法律意见书的任务,但是因为自己安排不合理,加之时间紧张,最后两篇意见书,我都没有出色地完成,其中错误也比较多。这也可以看出自己对事情无法合理地统筹安排,在事情的轻重缓急、自身能力的评估上,我仍需要更明确的认识,这样以后才能在处理事情上更为从容。

最后,我还发现了自己仍需不断学习,拓宽知识面,丰富技能,常用办公软件也应学习起来。当今时代,熟练使用办公软件无疑是工作上的一大优势,同样,不熟练使用办公软件也将会是工作上的绊脚石。在学校的学习中,虽然也需要使用办公软件,但是比较起来要求明显简单了很多。在实习中,也逐渐发现如果对办公软件能够更加熟练运用,工作的进度也就快很多,而最后所写出的文档也会更加漂亮,这对阅读者来说也是一种享受;同样,一份文档格式的整齐也会让人感受到一名律师、一家律师事务所实力的强大,自然会给人充分的信任。

三、总　结

在这段实习期间,有收获,也有不足,明白了自身的缺陷,便有了努力的方向。"纸上得来终觉浅,绝知此事要躬行。"实习让我充分体会到了课堂学习与实际操作中知识应用方式的不同。律师是一个需要不断学习、不断进步、不断完善自我的职业。为了今后能够胜任这份工作,我需要不断学习、不断进步、不断完善自我。这次实习也让我感受到了竞争的激烈、知识的匮乏、经验的缺少,以及自身许许多多的不足,也明白了自己要走的路还很长,要改正高考结束后懈怠的状态,不然最后只会被社会淘汰。

虽然这次的实习时间不是很长,但是我觉得我应该慢慢地转变观念。做了这么多年学生,许多想法、观念依旧是站在学生的立场上去想的,是时候改变自己的思维方式和身份认知,这样以后走上工作岗位才会显得更加从容一些。

最后,感谢在这次实习期间对我悉心教导的夏老师、沈老师、姚老师和范老师,感谢他们让我度过了一段充实而有意义的实习期。

浙江孚初律师事务所实习心得

2018 级非诉法律实验班　黄雯雯

　　有幸在暑期能有这样一次特殊的机会,到浙江孚初律师事务所跟着张海涛律师实习。张海涛律师有着十九年的律师职业生涯。他不仅是律师事务所的主任,也是浙江省军区法律顾问、温州商会律师顾问团秘书长、杭州市法律服务团副团长及温州商会调解中心副主任。张海涛律师主要擅长民商法,特别是民事合同、公司法律事务,目前专注于股权架构方面的内容。他拥有十余年的律师从业经验,是一位优秀的法学人才。在这一个月的实习中,我跟着张海涛律师不仅学到了有关法学的专业知识,而且认识到律师这个职业需要的基本素养。

一、律师事务所初印象

　　浙江孚初律师事务所是由浙江省司法厅批准设立的一家法律事务所,位于滨江区长河街道科技街 1600 号银泰国际商务中心,沿河而立,在这里还能远眺青山和江水。孚初律师事务所在诉讼和非诉业务上都很优秀,在兼并收购、资产管理、银行保险、公司事务、破产与重组、不良资产处理等方面都能为客户提供专业的法律服务。

　　第一天去实习的路上心情相当复杂,五分兴奋、三分好奇、两分忐忑。推开大门,映入眼帘的是"浙江孚初律师事务所"几个大字,而最吸引我的是那一行大字下面对"孚初"两字的解释——深孚众望,不忘初心。这是孚初事务所的宗旨,亦是指引我未来法学路上的一盏明灯。就像欧阳修在《剑州司理参军董寿可大理寺丞制》里说的那样:"法者,所以禁民为非而使其迁善远罪也。"正是因为法律的特殊性,因此每个法律人的肩上都承担着很大的责任。毫无疑问,法学是浩瀚的、神秘的甚至是汹涌的,但如何在风雨不定中保守初心,需要法律人不断修炼。

二、实习经历

张海涛律师是一位相当负责任的老师。第一天见面后就找我谈话,聊了一下我对这次暑期实习的目标和憧憬、对非诉事务的了解以及选非诉的原因。以前我一直觉得非诉和诉讼是完全不同的两个方向,但是在交流中张老师说诉讼和非诉其实是密切相关的,二者有很多相同点,诉讼的经验在非诉事务中也是可以融会贯通的,有百利而无一害,不需要将非诉和诉讼对立起来,本着相互学习的态度是最好的。通过这次交流,我感受到了一个成功律师的语言表达能力,同时也解除了很多关键的困惑。它像是一阵风,将海面上的浓雾吹散了一样。张律师也是一位很亲切的老师,他担心我刚来律所不太习惯,还专门交代了其他老师要带我多多参与,多多感受。

刚开始实习的时候,为了更好地了解法律实务的过程,我认真研读了律师事务所里已经结案的案卷,了解案卷整理的顺序,对民事裁判书中法官判案的理由、依据也有了初步的认识。通过对多个案卷进行对比,我发现判决书其实是有一定的格式的,首先是原告及其代理人,然后是被告及其代理人,若有第三人,则还要将第三人写上。这步完成之后,下面就是原告的诉讼请求和理由、被告答辩的主要内容,还有第三人表达的意思概述。接下来就是法院查明的事实和证据,将法律事实同法律条款结合起来,写出最后的判决结果,另外还要给两人写下上诉的时间要求,尊重当事人的权利。俗话说得好:"纸上得来终觉浅,绝知此事要躬行。"在学校里的理论知识学习,只是在你脑海中留下一个浅浅的印象,到真正拿到判决书的时候你才能知道这每一个字都要细细斟酌过后才能被写下来。在阅读档案中,我不仅了解了法律文书的整理顺序,还从中学习到了法官判案的依据和重点,这对我今后的文书书写有很大的帮助。

慢慢熟悉了文书顺序后,我迎来了新的任务:将马上要起诉的起诉书、证据等复印多份,整理之后装订起来交给律师。在简单熟悉了复印机操作流程之后我就开始工作了,但是显然我高估了自己。对于一式六份的证据,我觉得一份一份复印太浪费时间了,于是我复印好一份之后,将那份复印件放进了滚轴里,想要一次滚动复印四份。在对复印机没有完全了解的情况下,我的贸然行动马上就造成了问题:滚动复印的方式会让纸张的边缘少一部分,导致文字缺印、漏印,最后几百页的纸张全部都没办法使用了。我对自己的粗心感到羞愧,如此简单的事都没有做好,辜负了大家的信任,一时之间站在打印机前手足无措。幸好,所里的律师安慰我,这些错误越早发现越好,如果在提交文件的时候才发现出了问题,则可能会给法官留下不好的印象,并对之后的庭审产生不利的影响。看似简单的复印工作其实也有很多技巧。有了这次失败的经验,我对后面的复印工作更加小心、谨慎。熟能生巧,之后的复印工作不仅质量有所提升,速度也不断加快了。复印出现的问题给我敲响了警钟,法律人的细心应该贯彻在各个方面,细节决定成败。文书上的每一个字,每个时间点的计算,每个小数点的位置可能都会对结果产生影响。要成为一个合格的法律人,细心是必不可少的素养。

三、外出实习体验

在实习期间,有一次张律师要外出去见一名当事人,我有幸跟随学习。在车上我们提前看了一些当事人的材料,我了解到这是一个挣扎在民事、刑事诉讼中长达九年的人,这样丰富的诉讼经验使他比我这法学本科生看上去更加专业。果然,见到他的时候,我就被他嘴里的很多专业名词给唬住了,案件之复杂程度超出了我的想象。刚开始我还能跟上他的思路,慢慢地变得云里雾里,最后就是不知所云了。当事人的神情是疯狂的,他将张律师当成了自己的救命稻草,在交谈过程中掺杂了很多私人情感,往往一个诉请还没说清楚又马上联系到了另一个问题,显然我就被他带着跑了,抓不住诉请的重点。张律师刚开始是在听,碰到有疑问的地方就提出问题,他会从很多情绪词中抽离出这个案件的关键信息,法律主体、客体……渐渐地,一个案件的脉络就清晰了起来。结束之后,张律师问我有什么感受、有什么不懂的地方。了解到我迷失在当事人的描述中之后,他说在谈话中,律师必须是主导,当事人说的话并不应该是当事人想说的,而应该是律师想知道的。作为一个法律工作者,其任务就是要把当事人的话转变成法言法语,用法律的语言形式表达出来。

这次的经历让我深深地感受到自己法律知识的匮乏,还有实践基础的薄弱。我曾为自己在学校理论学习中的优异成绩而沾沾自喜,但没想到在真正的法律实务中这么不堪一击。在学校里的法学教育比较倾向于理论的学习,同实践还是有很大差距的。法学是一门具有极强实践性的学科,所有法学理论的研究目的是为现实生活服务。这次实习就给了我一个很好的机会去了解实务中的法学模样。

四、挑战自我

在实习的最后一周,张律师给了我一本书《股权架构解决之道——146个实务要点深度解析》,作者是于强伟先生。于强伟先生是中国政法大学民商法法学硕士,他作为执业律师曾主导及参与了大量IPO和并购重组案件。作为拥有十余年法律从业经验的优秀律师,他将这些实务经验转化成这本书,为企业资本运作及股权管理提供全方位、多角度的整体解决方案。张老师布置的任务是一周内看完这本书,并根据这本书的内容完成一份关于股权架构的PPT。刚接到这个任务的时候我内心是十分慌张的,但为了给这次实习画上一个完美的句号,我决定咬紧牙关往下干。用周末的时间详细地将这本书阅读了一次,心中对这本书有了一个初步的认识。到律师事务所之后再细读一次,在电脑上整理出一个初步的框架。最后,根据这个框架在 PPT 中将它细细完善起来。整个过程中检查过无数遍，也有无数次冒出放弃的念头。律师事务所里的其他律师看到我这种情况后表示，法律从业者必须要有强大的学习能力，因为法律是不断向前推进的，不断会有新的法出来，所谓"活到老，学到老"，我们要不断学习。刚开始看的时候，我还是一知半解，近来越深入越能从中学到关于股权架构的知识。我知道，我现在可能只是从汪洋大海中取到了一瓢水，但通过将这一瓢水不断放大，也能学习到很多很多。

五、律师事务所实习感受

通过这一个月的实习生活，我慢慢学会了以下技能：(1)熟练打印、复印法律文件，为之后的起诉做准备；(2)记录当事人谈话的内容，后期删繁就简，更好地理解法律事实；(3)和当事人见面的衣着、礼仪；(4)学习和当事人的沟通技巧。

在这一个月中，我遇到了许许多多的困难，不仅涉及专业知识，还涉及为人处世。校园教得再全面，校园到底不是社会。当你以为自己已经面面俱到的时候，其实小细节才是真正的陷阱。看似简单的复印任务其实并不简单；换一个穿衣风格却可能给当事人更加可靠的印象；文件上一个小数点的移动，可能让你之前的努力功亏一篑。从某种程度上说，律师是一个服务者，但不是简单意义上的服务人员。我们可能是当事人的救命稻草，比起低声下气的招揽客源，能力和信任感才是吸引当事人的关键。所以，我现在应该把提升专业素养摆在首位，无论去哪里，能力才是最坚强的后盾。是金子总会发光，而机会也只留给有准备的人。

以上是我这个暑期在浙江孚初律师事务所实习的小小心得。这次实习让我看到了自己的不足，让我以更加坚定的心态投入本学期的学习。我相信，只要不断完善自己，不断提升自己的能力和综合素养，这法学的汪洋中总会有属于我的一片天。

北京天达共和(杭州)律师事务所实习心得

2018 级非诉法律实验班　金灵心

一、实习之路

2019 年的暑假,很幸运学院能够提供这样一个学习平台,让我们有机会在大一就进入律师事务所实习;也很幸运夏家品律师能够成为我的导师。

夏导师是北京天达共和(杭州)律师事务所的高级合伙人,其专业领域有并购治理、法律风险识别和管理等。他曾获 2017 年杭州市第二届"十大律师先锋"新锐律师提名奖,是一名非常优秀的律师。

随和、风趣,是导师留给我的初印象。第一天到律师事务所报到时,导师便与我和另一个同学进行了亲切的交谈,下午还组织了星巴克破冰仪式,让我们与其团队中的其他老师有了初步的认识、了解。印象尤为深刻的是在交谈后,导师帮我们将未喝完的茶端到我们的工作座位上,这些自然又贴心细致的举动,在无形中缓解了我初入律师事务所的忐忑和紧张。

在日常相处中,导师温和可亲;而一旦切换到工作模式,导师便会瞬间严肃认真,对工作付出十成十的专注与热情。他会在与我们的交流中语重心长地向我们分享、传授经验,在每周的例会中询问我们的学习情况,也会严肃地指出我们存在的问题,让我们能够意识到自身的不足并更好地去学习、精进自己。

除此之外,在这一个月的律师事务所学习过程中,团队里的沈希竹老师、姚冰箐老师、范雨豪老师均给了我很多的指导与帮助,让我获益良多。

二、实践感悟

去律师事务所实习的第一天早上,刚好下着大雨,从打车去地铁站,1 号线又转 4 号线,到后来坐在律师事务所的接待室里等着导师过来,这整个过程中,我都有些懵。作为一个刚刚读完大一,只学习了一些法律基础课程,相当于半个法盲的我来说,一切都是未知的。我能够做些什么?我真的能够胜任吗?这是我在得知自己要去律师事务所实习后,心中便存在的疑惑。直到在和导师交流的过程中,导师告诉我们暑假主要学习房屋租赁这一块内容后,我才觉得自己的实习之路有了方向。等到真正坐在自己的办公桌前,看着整洁明亮的办公室,听着周围打印机的打印声、键盘敲击声与接电话的声音,忽然就有了一种尘埃落定的真实感——我的暑假实习啊,真的开始了……

(一)初入律师事务所

在律师事务所实习的过程中,我所签署的第一份合同就是我自己的劳动合同。从商定工作时间、提交自己的见习生信息表,到最后在合同上签上自己的名字,整个过程都是有序而严谨的,并没有因为我的实习期只有一个月而在程序上有一丝的敷衍,就是让人觉得——嗯,很正式!这一点给我留下了深刻的印象。一叶知秋,见微知著。从这一细节中便可以看出"天达共和"对待法律、权利义务关系的严谨态度。

此外,我本来以为律师事务所应该是一个人人都不苟言笑、处处充斥着低气压的地方,进入律师事务所之后才发现这里和我想象中的有些不一样。律师事务所的气氛很是欢乐融洽,尤其是午休后,各位老师聚在一起互相调侃、闲聊,从家常小事说到时事新闻、家国大事。其中很值得我学习的一点就是,各位老师时常会针对一个法律条文、一个案件展开讨论,或许是在吃饭时、午休后,抑或是工作的间隙、等电梯的时候,就是在这种轻松的氛围下,大家畅所欲言、各抒己见,在交流探讨中寻找突破点与新思路。而处在这样的环境中,我也更深刻地认识到,作为一个法律人,我应该将法真正融入我的日常生活,应该多关注法律资讯热点,学会用法律思维思考问题,于细微处发现法、学习法、运用法、思考法……

(二)初级实习

我在律师事务所实习的大部分时间,都是在阅读案卷中度过的。阅读案卷是步入律师事务所后导师布置给我的第一个任务,这个任务也贯穿了我的整个暑期实习生活。对于我这个一问三不知的"法盲"来说,阅读案卷的过程无疑也是我学习、积累经验的过程:法律意见书的书写规范、合同具体条款内容拟写的严密性、租赁合同的常用法条、各种材料的放置顺序……大到主干框架,小至细枝末节,这些内容错综复杂地糅合在一起又条理清晰,被妥帖地放置在每一个档案袋中。

第一次打开档案袋翻阅案卷时,我是带着新奇的,从头到尾、逐字逐句地阅读过去,生怕遗漏了什么细节,以至于看了那么多案卷,到现在还是对第一份案卷的内容印象最为深刻。而在连续看了三四天案卷之后,我的大脑便逐渐变得麻木,尤其是在大致了解了每份档案的具体组成内容,法律意见书的大体框架之后,开始想当然地以为自己已经熟练掌握其中的内容。

在这时,夏导师给我敲响了警钟。暑假里我们学习的主要内容是房屋租赁。一次例会中,在了解了我们当周的学习情况后,夏导师问我们"在哪些情形下房屋不得出租"。这个问题并不难回答,甚至可以说其答案是基础性的知识点,但是我一下子蒙了,支支吾吾没能说出完整的答案。夏导师语重心长地告诉我们,在学习内容的过程中,应该熟悉掌握那一部分内容所对应的法律条文,学习一门就应该精通一门。听完夏导师的话,我很羞愧。是啊,浅显的涉猎与精通之间本就隔着一道鸿沟,我又有什么理由在初次涉猎阶段因为学习了一点皮毛而自我感觉良好,在原地踏步呢?想到这里,原本觉得枯燥的案卷,又重新鲜活起来。保持谦逊的学习态度,耐得住性子,不骄不躁,带着一颗沉静的心去学习法律,这是我在"天达共和"学到的重要一课。

(三)小试牛刀

在律师事务所待了一段时间后,我逐渐适应了这里的工作。除了文印、归档、核对音频文件和法律意见书等日常工作外,老师也会让我修改合同、拟写答辩状和法律意见书。

修改合同是一项很细致的工作:"条、款、项、目"等法律格式上的规范问题;前后名称的对应统一;时间点的明确;我方所代表的当事人的法律立场;某些产品在理论与实践应用中所存在的区别……这些都是修改合同过程中需要注意的点。沈希竹老师在这一工作中给予了我很多帮助和指导。沈老师总是鼓励我根据自己的想法在原合同上做出直接修改。从一开始只能在自己觉得有问题的合同条款边做备注,到后来能够直接在合同上根据自己的想法做出修改,我能够感受到自己自信心的增强与成长。在修改合同的过程中让我受益匪浅的是,这是一个很好的交流学习过程。在对比自己与老师的合同修改内容之间的不同时,我发现了许多自己在翻阅合同时忽视的点,从而尝试着学习老师在合同修改中的严谨性,站在更专业的角度思考问题,不断精进。而这些经验与感悟是很难在课堂的理论中直接习得的。

拟写二审答辩状的过程其实很坎坷。厚厚的一沓证据材料和调查材料将牛皮档案袋撑得满满当当,其中的每一份材料和每一处细节都有可能是最终取得胜利的关键,我借助一审判决书勉强厘清了案件的脉络,顺着上诉书提供的思路在厚实的材料中寻找突破点。这也让我再一次体会到律师处理案件的不易。有限的时间、巨大的工作量和压力,这些因素无时无刻不在考验着律师的专业性和心理素质,而在通往这样的律师的道路上,我还需要更加努力。

　　最后的结业作业是拟写一份完整的法律意见书。这也是我第一次近距离体验租赁合同前期的各项准备工作。从实地考察红线图中拟承租商铺的具体位置及周边情况、前往公司核对"营业执照""不动产权证"、去市场监督管理局调取"公司登记基本情况"等,到最后坐在桌前开始真正撰写法律意见书,其间收集、核对材料的过程复杂而又有序。也是在这个时候我真正地感受到,书写一份法律意见书需要做多少准备工作,更不用说真正地受理案件,写答辩状,在法庭上据理力争、陈词激烈了。我们写下的每一个字、说出的每一句话,都要有充足的证据来支撑,都需要接受法律的检验。在任何情况下,严谨的工作态度,扎实的准备工作,都是一名律师所要遵守的准则。

　　为期一个月的实习结束得很快。在"天达共和"学习的一个月里,我遇见了各位优秀、亲和的老师,学习到更多的法律知识,也积累了更多的实务经验。还是想感慨一句:一个月真的太短了!初来时,一脸懵懂;离去时,心中也依旧有困惑还未解开。关于法律这个世界,关于律师这一职业,我一直在探索的路上。然而,来去匆匆,从一个城市飞往另一个城市;在有限的时间里仔细查看无数段视频资料;几个人聚在一起就案件的某个点展开讨论……这些在实习中所闻所感的点滴,在我心中构筑起一个关于律师的小世界,告诉我,他们就是这样真实地忙碌着,生活着,鲜活而生动,就像是混沌世界中的一点清明,在说着:努力吧!就这样朝着那一点清明走下去,努力成为你想成为的人!

浙江六和律师事务所实习心得

2018 级非诉法律实验班　李香蕊

　　2019 年 7 月—8 月的这段时间,通过学校和专业的组织安排,我在浙江六和律师事务所进行实习,完成了暑期社会实践活动。对于刚刚在大学度过一年学习时光的我们,"工作"这个词本身的重量激荡起我们内心的懵懂与期待。这意味着我们将离开三点一线的校园生活,第一次把学到的专业理论知识应用于实践,步入上班族的行列,接触并体味社会百态。

一、实习简介

(一)实习时间

2019 年 7 月 12 日—2019 年 8 月 12 日。

(二)实习地点

浙江省杭州市。

(三)实习单位

浙江六和律师事务所。

（四）单位性质

浙江六和律师事务所成立于 1998 年 11 月，是一家以公司和投融资业务为特色的大型综合性律师事务所，系全国优秀律师事务所、浙江省服务业重点企业。总所位于杭州，并在舟山、义乌、湖州、温州、长兴设有分所，在旧金山、纽约、温哥华设有办事处。

六和律师事务所具备从事证券法律业务资格、中国银行间市场交易商协会会员资格；曾入选 ALB 年度"中国发展最迅速的十家律师事务所"和 ALB 年度"中国最大的二十家律师事务所"；2011 年江浙两省唯一一家荣获 ALB 年度"长江三角洲地区律师事务所大奖"；被浙江省律师协会评为"浙江省服务经济建设突出贡献律师事务所"；被浙江省金融办评为"优秀证券中介机构"；被杭州市委、市政府评为杭州市"社会责任建设先进企业"；被杭州市人民政府评为"杭州市中介服务业示范企业（机构）"；入选"杭州市最大规模服务业企业百强榜"；被共青团中央、司法部评为"青少年维权岗"；等等。在全省 1000 多家律师事务所中，无论是业务总量、人员规模、律师素质，还是综合考评、社会知名度等，浙江六和律师事务所均名列前茅。

浙江六和律师事务所现有执业律师、律师助理等 500 余名，他们分别来自全国 20 多个省市，多数具有研究生学历，部分律师拥有注册会计师、特许金融分析师、税务师、工程师、经济师、专利代理人等专业资格。浙江六和律师事务所内设公司、证券与资本市场、基础设施与建筑房地产、金融与财富管理、知识产权与信息技术、国际、政府法律顾问、破产管理与债务重组、争议解决、刑事等 10 大业务部门和 30 个专业组，有法律体检中心、PPP 法律服务与研究中心、家族财富管理与传承法律服务中心、税务合规研究中心，并配备研究室（信息与宣传中心）、客户部、行政办公室等业务支持部门。六和律师事务所以"依法执业、规范治所、质量立所、品牌兴所"为治所方略，以"高层次、规模化、国际化"为发展目标，以"专业分工、团队合作、优质高效"为服务特色，以常年提供法律顾问服务为基础，以非诉讼法律业务为发展方向，以学者型的严谨态度、专家型的服务水平、团队型的服务方式,为客户提供个性化、专业化的法律解决方案,让律师成为客户"经营的参谋,法律的顾问"。迄今为止,六和律师事务所已与政府机关、金融机构、企事业单位、社会团体等系统的3000多家客户建立了稳定的法律服务关系,并力争为更多的客户提供优质、高效、规范的法律服务。

(五)实习目的

学以致用是学习的最终目的,而社会实践是实现最终目的的途径。"纸上谈兵"毕竟不是掌握专业理论知识的良好结果,哲学意义上的价值指的是事物的存在对人的作用和意义,偏向人对事物有用性的评价,若不能将知识真正应用于实践、服务于事业、造福于社会,即使再庞大的知识储备也不能实现其真正的价值。尤其是关注社会整体发展变化的法学,多的是需要与人打交道的场合;况且,无论是律师事务所、法院,还是检察院,都有其特殊的行业规范和行事标准,只有真正进入才能了解社会现实。

通过实习,巩固法学基础知识,完善知识结构,查漏补缺;了解律师事务所的工作制度和管理流程,感受律师的工作日常,耳濡目染,从而锻炼自己的能力,找准自己的定位,明确专业方面需要努力的方向,让实习真正起到良好的过渡作用,为将来更好地投入学习和工作做准备。

二、实习经历

在这一个月的实习期间,我的时间安排主要分为两部分:完成分配的任务和自学专业知识。导师刘珂律师安排了沈律师和钱律师来指导我们的实习工作。两位律师首先给我们细心讲解了相关工作具体应该如何完成,然后我在接到任务之后,在完成过程中不断发现问题并解决,从中积累经验。除此之外,在闲暇之时,我会自学各大网站以及公众号上最新的相关法条、案例以及专家研究,从中了解法学的最新动态,紧跟新变化、新发展;在学习的过程中可以填补所学专业知识中的漏洞,并及时更新知识储备,掌握最新的专业理论知识,一举两得。

(一)担任的工作岗位

实习生。

(二)完成的专业工作

完成沈律师和钱律师分配的任务,协助律师查找整理相关资料。

(三)主要任务

这次专业实习,是对我专业能力和社会能力的一次综合考验,我给自己定的任务是将律师事务所安排的任务全面精确地完成,无论是独立任务还是合作项目,力求不出纰漏、内容全面、办事高效,更高的要求是在完成任务的过程中能够有自己新颖独到的见解,争取展现浙财一名法学本科生在现有专业水平下对工作认真严谨的态度,为导师、为律师事务所的发展贡献自己的一分力量。到实习期结束,我已基本完成这项任务。

(四)主要工作内容

1. 整理发票

(1)发票报销分类:汽车费、差旅费、办公用品、培训费、福利费等。
(2)分类整理,其中单张较小的发票需粘贴在发票粘贴单上。
(3)填写报销单,每张报销单最好不超过 1 万元。
(4)提交财务。

2. 整理卷宗,卷宗打页码

(1)确定案件性质——民事、行政、非诉。
(2)根据卷宗目录,按顺序整理文件,注意必要材料。

(3)填写律师办案进度表和办案小结。

(4)装订卷宗,打页码。

3.组织建筑论坛,负责迎宾、签到等事宜,旁听会议,听知名律师讲解建筑房地产方面的相关法律问题

4.整理汽车贷款业务相关资料,关注车贷模式

房贷市场逐渐饱和,车贷业务扩大是以后发展的一个大趋势,导师就此专门安排了课题研究。我们查找了各大银行关于车贷的相关业务模式及规定,对比相同点与不同点,并对车贷业务模式的分类进行了细致分析。从导师的讲解中,就我的水平所能理解的是,房贷市场逐步饱和,资产现在正向车贷业务转移;此外,保险公司开展车贷业务,高利润同时伴随着高风险,因为车贷不同于房贷,金额大致固定在几十万元左右,大部分人会选择一次性付清。因此选择车贷的客户其本身就存在风险,要提起注意。

5.每周团队例会

导师的团队一直坚持每周召开一次工作例会,总结上周工作成果,发布下周工作安排;而且每周由一名律师进行课题心得讲解。我在旁听例会时收获颇多。

三、实习心得

一个月的实习期,虽然时间并不长,但足以让我受益匪浅。律师事务所安排的各项任务并不能说难度大,导师也会考虑我们的情况让我们量力而行,因此在这有限的时间里我学到了很多工作上的基本技能,对以后的实习和工作都有了一个很好的铺垫。但实习毕竟与上课不同,律师事务所也不是校园和课堂,令我感悟最深的就是社会实践是检验专业知识的唯一标准,我们在学校学习的专业知识必须和具体实践相结合,这是永恒的真理。

实习作为学习和工作之间的一架桥梁,好像踏社会前的预热。初次进入律师事务所,即使是再简单的任务对我来说也是陌生而新鲜的;但是律师事务所不是课堂,律师也不是老师,每个人都在忙碌且有条不紊地进行着自己的工作,因此独立完成任务于我而言,是一项最基本的要求,一步步去摸索、尝试,出错了再重新来过,一遍遍的重复、检验,只为获得最优效果。就拿整理发票来说,它是工作中一件非常基本的事情,从发票分类开始考虑把模棱两可的发票归入哪类,到填写报销单时拿铅笔预写过无数次、用橡皮擦拭过无数次,终于知道要注意数字大写和金钱符号等。因为一切都是新鲜的存在,不是只用专业的法学知识就可以解决的,而是要在无数次成功或失败的实践中将一项任务摸透并领悟。

时间擦肩而过,很感谢能有机会在浙江六和律师事务所实习,这是一次很宝贵的工作经历;很感谢导师和团队的各位律师对我工作上的指导和照顾,各位前辈带给我许多在学校接触不到的问题和解决问题的方法,同时增加了自身的社会经验,让我对自身是否适合这个行业有了更深的思考和感悟,希望之后无论是学习还是实习都能够给我答案。

四、实习总结

实习是一个发现问题、检验知识、锻炼能力的过程,让我在改正错误和弥补不足中成长。对于刚学习一年专业知识的我来说,前方还有许多未知等着我去探索,每一次微小的进步都会令我惊喜,这离不开导师和前辈对我的指导,真心感谢我前行路上的指路人。就像前辈对我说的那样:你的未来充满无限可能。现在,我对接下来的学习和以后的实习都充满了期待,我会用踏实严谨的态度和求真务实的精神去面对未来的一切,努力!

浙江浙杭律师事务所实习心得

2018级非诉法律实验班　林　欣

暑假期间,我在浙江浙杭律师事务所进行了为期一个月的实习,虽然这次实习并不是那么正式,更像一般意义上的学习或社会实践,但我仍旧受益匪浅。毕竟"纸上得来终觉浅,绝知此事要躬行",只有真正接触了法律职业工作者的工作和他们的工作环境,真正参与进去,才能够深刻领会到理论与实践之间的区别,只有将在校所学知识与实践相结合,才能理解两者的差距,并真正运用所学知识。本次实习给我提供了一个良好的平台,让我能够对在校所学知识进行查漏补缺,同时学习到很多新的知识,积累了不少经验。在实习过程中我遵守单位规章制度,服从工作安排,积极完成指导律师要求的工作,在律师的指导和自己的努力下,进一步了解了律师的工作内容,对律师的办案过程也有了初步了解,不再一头雾水。除了学习专业知识,与律师事务所里各位前辈的交流相处,也让我对如何处理人际关系有了更深的感触。在此,我整理了在浙江浙杭律师事务所实习期间的见闻和感受,写下这份实习报告。

一、实习目的

(1)将理论与实践结合,在实践中发现问题并解决问题。

(2)积累经验,为日后的正式实习打下基础。

(3)了解法律职业工作者真实的工作环境、工作内容,对法学就业形成整体的感性认识。

(4)提高综合素质,特别是人际交往能力。

(5)培养独立发现、分析并解决问题的能力。

二、实习内容

在实习期间,我担任浙江浙杭律师事务所律师郑舒木的助理一职,协助律师完成相关工作。从一开始的完全摸不着头脑,到后来能够相对熟练地处理一些工作,这些都要感谢指导律师和其他师兄师姐的耐心教导,多亏了他们的帮助,我才能很快地学习到许多知识和处理问题的方法。法学与社会学相似,内容上注重对专业理论的掌握,同时它又是一项技术性的实践。基于此,我认真抓住这次实习的机会,在完成一般事务性工作的基础上,也注重了以下实习内容。

(一)整理卷宗以此熟悉律师的整个办案流程和相关司法程序

整理卷宗是我在实习期间的第一项工作。这个工作看似简单,好像只是将一个案件中的材料进行排序,实际上需要我们准确掌握案件的流程,并且准确地判断各种法律文书的类型。完整而有序的卷宗能够直观地告诉我们一个案件在法律程序中如何开始、如何结束,需要经历哪些流程,相应地需要撰写哪些法律文书。卷宗的装订次序和办案流程紧密相关,也和相应的司法程序相对应。阅读卷宗中的各种法律文书能让我们了解到不同的文书应当怎样撰写。同时,通过阅读不同案件的起诉状、答辩状、庭审笔录、判决书等法律文书,可以了解到一个案件是如何判决的,与哪些法律条文有关,可以进一步加深对一些法条的理解。

(二)校对、修改、撰写法律文书,培养法律实务思维

法律文书是司法行政机关及当事人、律师等在解决诉讼和非讼案件时使用的文书,也包括司法机关的非规范性文件。可见法律文

书在法律程序中的重要地位,以及撰写法律文书这一项技能对律师的重要性。合格的法律文书有其特定的格式要求。当然,法律文书的内容也很重要,可以说正确的格式只是前提,内容是否足够精、准、透才是评判一份法律文书是否优秀的标准。这对律师的职业素养提出了较高的要求,一名优秀的律师在撰写法律文书时首先要能够准确地分析处理相关事件,这是对其业务能力的要求;其次还要具备相关的文书撰写能力,这就对其写作水平提出的要求。在法律文书方面,作为大一的实习生,自然不可能一上来就要求我们自己撰写相关文书,毕竟这方面的知识在过去一年的学习中,我们几乎未曾涉及。最开始,我只是校对师兄师姐写好的法律文书,在此过程中逐步了解各类法律文书的基本格式和要求,然后我会在师兄师姐写好的法律文书上进行一些修改,修改后再向师兄师姐们征询意见,最后才尝试自己撰写一份答辩状。即使如此,也还是遇到了不少问题,比如不确定到底应该适用哪些法条,又比如内心已经有了一些想法,但是很难用比较书面、比较正式的文字表达出来,只能写出大白话,作为法律文书来看就显得很违和。这些问题显然不是一下子就能解决的,必须通过不断地训练才能得以提升,不过在律师事务所前辈们的帮助下,我还是学到了很多。

(三)接触实务,学习沟通技巧

作为一名合格的律师,沟通技巧显然是不可或缺的。在处理各种法律事务的时候,律师都需要与他人沟通。在处理诉讼业务时,需要与当事人沟通,了解情况以及当事人的需求。此外,还需要与法院沟通,了解案件情况,比如是否已经立案,财产保全情况等。有时还需要与对方当事人或其律师沟通,看看能否私下调解。在处理非诉讼业务的时候当然也需要沟通,比如当事人想要签订怎样的合同、参加一些竞争性谈判等。在这方面,作为实习生,我能做的事情并不多,主要还是打电话向法院及其相关工作人员询问一些案件信息。除此之外,我还有幸跟随事务所内的一名律师参加了一次竞争谈判,虽然只是旁听,但也因此对相关流程有了一些了解。从他们的商谈过程中也学到了一些说话技巧。与他人沟通的能力同样无法一蹴而就，如何更高效地提取他人话语中的信息，如何用精炼又易于理解的语言向他人表达自己的观点，这些也只能通过有意识地锻炼进行提升。

三、实习心得

这一个月的实习虽然短暂但也很充实，在指导律师和各位师兄师姐的帮助下，我也学到了很多。

通过实习，我对律师这个职业所要做的工作终于有了切实的了解。说来惭愧，在此之前我对律师的印象基本上就是帮助当事人打官司，在法庭上与对方律师唇枪舌剑，对于他们具体要做什么却知之甚少。经过这次实习，我了解到了一般案件的流程以及律师在其中需要参与的工作，对律师要撰写什么法律文书以及不同文书的内容和格式要求有所了解。参与庭审固然是诉讼律师的重要工作，但在此之前的准备工作同样必不可少，如果前期的准备不够充分，肯定也无法很好地维护当事人的利益。虽然我是非诉讼实验班的学生，但对于非诉讼工作的具体内容我也是在这次实习后才有了实感。从前总觉得成为一名优秀的律师必须要口才好，通过这次实习才意识到，拥有好的口才仅仅只是成为优秀律师的条件之一。除此之外，法律功底、文字表达能力、逻辑思维对于律师来说都非常重要，需要通过不断训练来提升。

法学是一门实践性很强的学科，它不仅需要理论的指导，更需要在实践中得到发展。在实习过程中，我可以明显地感觉到自己并不能很好地在实践中运用所学知识。一方面，因为我们在校所学的都是"大法"，都是严格意义上的法律，但是在实际运用时，反而是部门规章或某个具体规定在发挥作用。而法律作为上层建筑，实务性又很强，每年都会有新的法律法规产生。因此，即使离开校园，律师也必须不断学习，不断接受新的知识，必须不断精进自己，才能不被淘汰。另一方面，因为存在许多法条、法规、具体规定等，所以在撰写法律文书时到底要运用哪些法律就显得很困难。以法律为依据、以事实为准绳是撰写法律文书的一个重要原则。作为法律人绝不能抛开法律，凭借想当然的思维去处理事情。律师在接受委托后，首先对可能涉及的法律规定进行确认，然后认真研究案件事实情况，这一点非常重要，因为律师必须联系实际情况对涉案的法律关系仔细分析和定性，绝对不能想当然，不能只考虑法律规定不懂变通，更不能一味地借鉴相似的案件，因为每一个案件都有各自的细节，而有时候细节就决定了成败。在文书的书写方面，也要求律师尽量用简洁精炼、正式专业的语言去书写，而不能泛泛而谈。这些也都要求律师将所学知识与实际情况相结合，学会分析、处理问题，这也同样不是一蹴而就的。

每一个热爱法学的人，心中必然怀揣着对正义的追求。但是，与其说律师是维护正义的工作，不如说律师是维护当事人利益的工作。律师有自己的价值取向，对于每个事件也会有自己的偏向和想法，但律师一旦接受了当事人的委托，就必须优先考虑当事人的利益，要与当事人充分交流和沟通，要做到真正了解当事人的想法和目的，而不能靠自己的想法行事。当然也不能一味地依从当事人的意志和愿望，毕竟在现实社会中，确实还存在很多不太了解法律的人，所以专业问题还是要由律师来提供意见和解决方案，要融入律师的见解和知识。不管怎样，在不违反法律的前提下，必须将当事人的利益放在首位，决不能抛开当事人去处理案件。

除了学习到更多专业上的知识和经验，这次实习也锻炼了我"开口"的能力。以前在学校的时候，总是不好意思开口问问题，遇到不懂的问题，宁愿查百度、翻书也不想去请教别人。在实习时，一开始我也倾向于不问前辈或指导律师，尽量自己解决问题。但是很快我就发现工作与学习毕竟不同，很多事情没有标准答案，甚至根本没有答案，很难靠百度查出结果，而且自己摸索真的效率很低，后来还是鼓起勇气去询问师兄师姐，大家也都很热心地帮我解答。这也让我意识到了"多问"的重要性，学习也好，工作也罢，如果遇到解决不了的问题，与其不懂装懂、拖拖拉拉弄不出结果，还不如直接向有经验的人求教,这样才是最有效率的,也最能让人了解如何解决问题。

通过一个月的实习,我不仅学习、巩固了专业知识,而且学习了为人处世的方法,这为我今后走向社会提供了宝贵的经验。我要感谢浙江浙杭律师事务所,感谢实习期间帮助我的每一个人,感谢大家的关心和教导,让我少走很多弯路。虽然目前法学专业学生的就业前景仍不容乐观,我自身也存在很多问题,但是通过实习,我认为律师还是一个非常有意义的工作。我也会继续坚持自己的选择并为此不断努力。最后,我想向浙江浙杭律师事务所及全体律师表示感谢。谢谢律师事务所给我提供理论与实践结合的平台,谢谢你们的指导和帮助。

法科生之知识、能力、视野

2018 级非诉法律实验班　崔越然

2019 年暑假期间,按照学校对我们 2018 级法学非诉人才实验班预定的培养计划,我法学成长之路的第一次律师事务所实习开始了。实习之初喜忧参半,喜的是我第一次如此亲近我理想中的工作,我喜欢涉法工作的严谨认真、章法有度、富有挑战性的工作氛围,行走在法律殿堂之间"聆听法律的声音","体会法律的刚与柔";忧的是我还是个法科新生,初涉法务,知浅技弱,胸无成竹,律道深奥,一时不知从何入手! 好在有实务导师的关心和指导,尔后我逐渐厘清头绪,明确目标,预定实习计划,顺利开启了"法科生实践进化"的第一课。

大一进校后,经过学院的选拔我非常幸运地成为第五届法学专业非诉法律人才实验班的一员。依照学校对前几届非诉班学生的培养经验,经过与实务导师的互选结对程序,我幸运地成了浙江海浩律师事务所主任郑剑峰律师的学生。我的导师是一名刑法、民法、公司法、企业破产法等都很精通并擅长所涉诉讼及非诉业务的大律师,浙江海浩律师事务所是杭州市司法局直属的大型律师事务所。

实务导师结对事宜于 6 月底确定,我和郑老师约定于 2019 年 7 月 8 日报到。

一、实习经历

(1)初识导师,严谨而博学,关怀备至。

　　我的实习故事就从报到当日开始了。前一天，与郑老师约定了时间，发微信给他，结果打错了两个字。报到当日晚饭后，我和导师一起步行回律师事务所，途中导师对我说我发给他的信息里面有错别字，我一时间"丈二和尚摸不着头脑"，老师见我迷茫的模样，接着指出前来"报到"的"到"和新闻"报道"的"道"是不同的。一字之差，谬以千里，他对我说："写东西、发信息要严谨，最基本的要求就是不能有错字，必须认真检查、复核并确定其意无误。"涉法工作是个认真细致、逻辑严谨的工作，深思熟虑、全面辨析、准确判别是对一个法律工作者最基本的素养和要求。同时老师嘱咐我，实习期间要多向导师学习并学会交流，扩展视野，了解律师行业的工作现状。在导师的指导和安排下，我明确了此次实习的学习目标，预定了实习计划。

　　（2）庭审旁听，与法官交流，了解仲裁，会见当事人，分析、导论案情，导师言传身教，我置身其中，零距离接触实务，收益很多。

　　按照预定的实习计划，实习之初，我跟随导师，转战于多个法庭、仲裁庭之间，也见识到了不同的庭审状态，有据理力争、逻辑严谨、针锋相对的庭审氛围，也有对方当事人甚至没有出庭，只有一方当事人观点，只有支持一方当事人请求权基础的情况。通过庭审的观摩，了解了相关涉诉案件的法定审理程序，体会到法律知识的应用能力在涉法实务中的重要性。

　　和导师一起会见当事人，接收代理案件，了解案件事实、细节，分析案情。面对陌生的当事人，导师并不介意我薄弱的法律基础，而是鼓励我在当事人面前发表自己对案件的看法，这无疑是一个巨大挑战，同时也是一次绝好的锻炼机会。在滨江法院的一次旁听庭审结束后，我们主动与主审法官进行了交流、请教，得到了法官热情的指导和关心，还了解了一些法官的日常工作情况。一番愉快的交流后，法官和我互留了微信，我还收到了法官的实习邀请。

　　（3）了解互联网涉诉案件，初识互联网法庭，拓宽视野，阅读案卷并学习整理案卷，体会众多律师老师快节奏、高效且有条不紊的工作背后的努力付出。

　　为丰富律师事务所实习的内容，在实习的第二阶段，导师郑剑峰主任协调安排我跟从沈永强律师学习、了解有关互联网涉诉及非诉业务,现场观摩互联网法院庭审全过程,近距离体验了未来法庭的变革趋势,深刻体会了涉法工作要与时俱进,紧跟社会发展进步的重要性,也了解了因科技发展,特别是互联网技术的发展和创新,以及互联网经济的逐步壮大,在快速推动社会进步和经济发展的同时也出现了很多新的负面问题,比如因网上购物或网络媒介而产生的大量侵权案件。社会经济的发展和进步推动我国的各项法律法规逐步完善和进步。随着时代的变化,涉法工作或法律服务工作也应该有与时俱进的优化和进步,这便是法律服务的生命力。

通过整理大量的案卷,进而学着分析案件的事实依据和诉讼理由,仔细阅读律师答辩词、大量的证据材料以及裁判文书,在案卷海洋中真正体会从事法律工作所必须具备的严谨细致、认真负责、正直专业的基本素质和职业精神。

在各行各业中,律师是人们羡慕的职业。当下,从事与法律相关的行业,不管是法官、律师还是其他涉法职业都是高大上的职业。不深入亲历法律工作,也就不知道每一份人前的光鲜都离不开法律人的不断进取和努力坚持。有时沈律师一天单单开庭就不止一个,法官也一样,看着前辈们在法庭上的辩驳有据、从容应对,却不知他们在背后做了多少准备,每一份逻辑严谨的法律文书,每一个案子需要准备的材料,每一个令人信服的观点和依据,每一件得到公正处理的案子,每一项严谨认真、高效有序的工作,其实很多的准备工作都是无数个夜晚的辛苦努力。不入律师事务所不知道,律师加班熬夜是再正常不过的事,没有人能随随便便成功,律师是个既用脑又用体的工作。自实习以来,律师事务所每晚都有很多前辈在加班,这让我体会到了法律人的工作不易。

(4)跟随导师参加由"海浩所"组织召开的某企业破产清算案的债权人大会。

实习的第三阶段,导师给我介绍并讲解了一些具体的,特别是企业破产方面的非诉实务理论。紧接着,我们跟随导师来到富阳参与由"海浩所"主理召开的某企业破产清算程序中十分重要的一环:债权人会议。我负责接待安排众多债权人入会,参与收集债权人对债务人的行为评价,并参加了整个会议。这让我更深入地了解了有关企业破产清算方面非诉业务的一些关键程序和实务要点。会议期间,我与债权人进行了交流,了解了该案件不同方面的真实样貌,这让我更深刻地体会到法律服务对于社会生活、经济活动等各方面的重要性,亲眼看到那么多债权人由于乱投资,大风险出借,致使大部分出借款血本无归。这个破产案例的预想结果,侧面反映出事前非诉法律服务比事后法律服务显得更重要。在实践工作中所学的知识和增长的见识,有时宛如清风,让人顿悟。

(5)临近实习结束。

本期实习临近结束,不舍之情剧增。最后一天郑剑峰导师与我们长谈,同一律师事务所的几个同学相互分享了各自的实习感悟,老师也系统解答了我们的疑问。作为一名从业多年的资深律师,郑律师也给我们系统地剖析了当前中国律师行业的现状,不同人眼中不同的律师形象,以及真实的律师生活。谆谆教导,鼓励又鞭策,殷切期望,受益终生。导师的教诲我会一直记在心里:"做一个优秀的法律人,做一名好律师或好法官都离不开一直坚持正义,一直坚持依法办事,一直坚持学习,一直坚持初心的进取精神,追求大写的人生格局,要立志做一名有情怀的法律工匠。"

按照实习计划,暑期律师事务所实习就要结束了。最后一天我早早地来到律师事务所,再一次复核了我整理的案卷,交给各位老师,然后和各位老师一一道谢,感谢恩师对我真心的指引和关心。郑剑峰导师是我法务实践的启蒙老师,再次感谢导师。谢谢"海浩所"的老师们,也祝愿浙江海浩律师事务所越来越辉煌!

临别时我发了一条朋友圈:"我走了,老师们不要想我。"其实我还是很想念在"海浩"的点点滴滴的。

二、实习感悟

(1)律场初印象,感悟法律人的务实精神和价值所在。

实习报到前几天,我提前初探"海浩所",市区甲级写字楼,很是高大上的办公场所,忍不住拍照留影。在这段实习的日子里,我体会到了"海浩所"积极进取的法学氛围、丰富内涵和追求卓越的律师事务所文化。

我的导师郑剑峰律师是"海浩所"的主任、杭州仲裁委仲裁员、杭州市律师业务指导委员会委员。我有幸拜郑律师为师,得到他的指导和关心,大一暑假就有机会体验和接触法律界的务实环境,了解实情。做实际工作,在感悟"心为海,境为浩"海浩精神的同时,实习也让我扩大了视野,锻炼了能力,而且可以联系实际,在实务案例中理解和运用所学的法律知识,真正体会到法学之于社会、单位和个人的重要性,了解法律人专业的涉法实务或法律服务的价值和意义所在。

(2)深入涉诉实务,了解仲裁,在理解坚持施法公正,体会法律刚与柔的基础上,真正认识到做一名优秀的法律人首先必须要有正确的人生观、价值观和世界观,要有坚持公平正义的内在执念和勇气。当然,深厚的专业知识加上出色的务实能力也是法律人应该具备的基本素养。另外,在处理某些涉法问题时还应该具备高超的哲学思想。

当法官、做律师或搞研究、做法务时,学法用法真的很考验人的意志力和三观。郑剑峰导师常教导说:"从事涉法工作就要做一名有情怀的'法律工匠'。"导师早年曾代理东阳市村民卢某无故被人殴打致伤一案,他不计报酬,不畏艰难,依法按章,以强大的意志力和深厚的专业能力,克服了重重困难,冲破层层阻力,在经过多个部门对当事人合计八次的伤情复核鉴定后,在案发后历时七年零三个月的时候,在被害人因伤情发作而离世后,终于等到了公平正义的结果,肇事者也终于被追究了刑事并附带民事赔偿责任,也终于为被害人卢某及其家属"讨到了说法"。导师用亲历经验和行动让我明白,要坚持维护法治、维护社会的公平正义、维护当事人的合法权利。

我们知道法律规定了很多原则底线,任何单位和个人都不能触碰法律的红线,这是法律刚的一面,但同时法律也给出了一些自由选择空间和调解余地,并且还专门规定了一些施法救助途径,这是法律柔的一面。怎样才能更准确、更好地体现并落实法律的本意,关键在于法务实践中我们怎样用法治的精神去理解并运用法的刚与柔。

刚入法学一年,所学的大多是纯理论知识,法律实践应用问题接触很少,我难免有些茫然。有了这次实践,有了导师的指导和解惑,前方的道路开始变得清晰,我心中也暗自订立了目标,如今的时代讲求坚持初心,我无论如何也要走下去。

三、总　结

将来进入社会,现实情况要比学校复杂很多,只有尽早融入社会,了解社会现实,明辨是非,懂得章法有度才能自成方圆;走出课堂,学会与人交往,扩大朋友圈,提高交际沟通能力,多参加社会活动,提高分析问题和处理事情的能力。哲学是一门让人变得聪明的科学,也要学会用哲学的思想分析处理复杂的法务问题,比如协商和解、妥协包容、以退为进、利益共享、和谐共赢,或用发展的眼光处理面前棘手的问题……

做一名有情怀的"法律工匠",任重道远,要做的有很多,要学的也有很多,综合能力的提高尤为重要,我需好好努力!

浙江律匠律师事务所实习心得

2018 级非诉法律实验班 汪明忆

以前我对律师事务所存有的刻板印象,在到"律匠"实习的第一天就全部消散。

刚到的那几天,我常常惊讶于这里每位律师极为严谨认真的工作态度。但很快我就发现这是他们的常态,这样忙碌又井井有条的氛围逐渐地也潜移默化地影响着我,使我坐在办公区里能够很快和大家一起投入工作状态。并且这段时间让我内心更加确信,一个人如果想要在某个领域达到一定的高度,不仅需要校内专业课的基本扎实功底,出了学校以后也需要让自己不断学习,不断增加自己的输入,而作为一名法律人更应该如此。就像我的导师说的那样,首先要有足够的输入,这样才能够有好的有效输出。

在这一个月的实习期间,我主要做了三类事情,分别是日常行政事务协助、参与事务所宣传册的内容编辑和微博运营、有关案件的法条整理和案例分析以及法庭上诉材料的书写。这三类事情是一个由易到难、由浅入深的过程。

首先是第一类,像大家在电视上看到的那样,实习生在最开始的阶段常常会被安排去做一些比较小或者杂的事务。比如我就体验过当前台接待、复印打印资料、去其他公司送材料、校对文稿等。这些事情让我接触到与平时校园生活完全不同的一面,从而产生了一种陌生的新鲜感。对于我来说,在日常的课本知识之外,社会实践与人际交往也是非常必要的人生经历。毕竟在我过去的十八年里,我确实是一个连打印机都还不会使用的经验小白。其次是第二类，参与宣传册的内容编辑和负责事务所的官方微博运营，这些任务不仅加深了我对事务所的整体认识，还让我拥有每天与时事新闻接轨的机会，第一时间了解到各地发生的大事件，然后结合相关法条，写出对应的文案，我也渐渐明白法言法语的严谨性和法条运用的重要性。

当然最值得一提的是第三类事情，它们和我专业的关联度最高，也是让我感受最多、学到最多的。大一一年虽然在学校里也学习过部分法律的书本知识，但是到律师事务所以后才发现理论和实践之间的确是存在差别的。我的第一个任务是用表格整理出关于离婚案件夫妻分割房屋的各种情形。在此之前我从未与婚姻法有过接触，那些冗杂的分类情况和超出我预期的信息量曾一度让我陷入混沌，在从什么地方开始入手这个问题上也卡顿了挺长时间。这个表格我一共制作了两次。第一次的时候，由于我看的资料还不够全面，只花了一天时间就完成了分类，当时我还有点儿沾沾自喜。结果在交给导师看的时候，导师就提出还有许多地方需要细化。另外，父母出资买房是离婚房屋分割案件中的疑难点、同居情况是这类案件中的特殊情况，这两个都需要单独罗列出来进行分析。于是第二次我在大量阅读既有文章和各种法条及司法解释以后，这个对我来说完全陌生的东西在我脑海里开始慢慢出现一些轮廓。我先是用了两天时间把我能找到的对此次分类有帮助的相关文章打印了出来。再找到合适的法条以及最高人民法院、一些地方法院作出的相关解释，从头开始梳理。最后从婚前买房和婚后买房两个方面进行分类，之后在大类里再细分出资人不同、房屋产权登记人不同、全款支付或贷款等导致的不同情况，因为每一种不同的排列组合在法律实践上的判决结果和依据的具体法条内容都是不同的。而对于父母出资买房这样的复杂情形，要考虑夫妻买房时是由一方父母出资还是双方父母共同出资，是属于赠予还是彩礼，房产登记给谁等，基于此，每一种情况的判决结果也会不一样。至于两人同居期间的购房，要将其分成双方共同购房落在双方名下、双方共同购房落在单方名下、一方购房落在另一方名下这样三种情形。这样一来，第二次制作表格大概花了四天的时间。因为是第一次接触,所以这几天的确是一个比较漫长的过程,但我觉得累得很值得。想要做好一件事,从来就没有人第一次的尝试就会很容易。"你的人生拥有越多第一次,就意味着你的人生越丰富,越多彩。"我对此深以为然。

实习前期导师让我穿插着学习了两个系列的视频,分别是检索和可视化。这两个视频教授的方法主要运用于案例分析。在我真正开始自己写案例分析之前,我一直觉得它是一个很高大上的东西,尽管学校的考试题里也出现过这样的题目,但是司法实践上的案例分析经过的步骤要多很多。不过当我着手撰写以后发现,其实案例分析也没有想象中那么难。导师没有给我具体的案例,而是让我根据自己制作的表格中离婚房屋分割案件的分类去找跟各个分支内容相关的法院判决书。一位已经实习三个月的姐姐告诉我,找案例很多时候是写一篇案例分析里最花时间的部分。操作中我也发现,找案例的确不是一件容易的事,因为这个判决书需要恰好切合你想要找的情况和对应的相关法条。一个完整的案例分析需要写出主题、裁判要旨、案件事实、案件可视化、争议焦点、裁判要点、经验总结、相关法律法规、案件来源。这个过程让我渐渐拥有了一种奇妙的喜爱的感受,我发现自己十分享受这个过程,心中对法律感兴趣的火苗似乎燃得更高了。我就想到最初那段时间到律师事务所的时候,有一位律师告诉我法律如果慢慢学下去,真正深入下去是会很有趣的。当时我对这些话还没有感同身受,但现在我觉得我能够体会到一些了。再者就是关于法庭上诉材料的书写,比如证人出庭申请书,由于之前我整理过同样的材料,照葫芦画瓢就容易许多。每一件做过的事情都会派上用场,不过只是时间问题。这些生活的真理不是空穴来风。

以前我对于法律的理解,建立在和家人一起看的法制节目、社会新闻上。那时候觉得法律离我们很远,觉得这些高屋建瓴的东西遥不可及。可是现在当我开始接触社会,慢慢了解事实与真相,明白正义与邪恶相对性的时候,就越能感受到法制的力量与重要性,越觉得法律工作者是在努力捍卫正义和规制秩序。记得去年高考完的那个暑假,有一件负面新闻被报道出来。当时我特别难受,我就告诉自己或许学法,就能让我对这个社会做出一点点贡献吧。因为只有在有序和规则的环境中,人们才可能对未来有一个大致确定的判断,才可能自觉、有意义地生活,也才可能在社会生活中运用个人知识采取有效的行动,做出种种安排,其努力才是有意义的。

当然离开实际的抱负都只能算是空中楼阁,毕竟生活需要真实的付出和汗水。优秀的人并不会因为某个阶段性的胜利而停止前进的脚步。我深知在这一个月的实习中我学得还不够多,做得也还不够好,但也总算是给自己打下了一个小小的基础,给了我负重前行的动力。

拥有这样的实习机会是一件幸运的事。感谢际遇。

杭州市中级人民法院实习报告

2018 级非诉法律实验班　俞　霄

　　我本次暑期专业实践实习的单位是杭州市中级人民法院,中级人民法院内部又分为各个不同部门,主要包括立案庭、民庭、刑庭、审判庭、执行局等。我被分配到了民五庭,由于民事案件纷繁复杂,各个民庭所负责的案件种类也不同,我所实习的民五庭主要负责的案件类型包括劳动纠纷、不动产流转纠纷以及建设工程承包合同纠纷等。建设工程纠纷案件周期长,通常至少需要半年,因此要在一个月内跟一个完整的案子是不太可能的,所以庭长建议我跟一些周期相对较短的案子,如劳动纠纷等,最主要的是让我熟悉庭审的基本流程。我所在的岗位是负责辅助书记员的工作,因此实习期间主要是书记员带我进行审判的辅助工作,从立案到庭审记录,到最后的结案归档,都离不开书记员的帮助。一直以来,我都认为法院的重要支柱就是法官,直到这次实习我才明白其实书记员也是法院审判工作中的重要一环。通过这次实习,我对未来的职业规划有了更加清晰的认识。

一、实习目标及任务

　　对于一个法科学生来说,法学作为一门实践学科,不仅要求学生从学校获得一些理论,更要求学生有一些实践经验,这样他才能适应未来逐渐激烈的就业竞争市场。希望通过参加本次法院的实习,能更加了解在公检法工作的体系与流程,也可以在实践中加深对理论的理解以及对理论的运用,从而不断提高法律知识水平与实践素质。因此,在实习的一开始,我就定下了四个实习目标:学会将课堂的理论与审判实践相结合,巩固学校所学知识,查漏补缺,并积累经验,为未来学习打下基础;实习的过程中需要养成独立发现问题的能力、独立解决问题的能力以及归纳总结问题的能力;培养社会沟通与团队协作的能力;学习法院运行的工作流程,积累实务工作经验,为以后从事相关工作做好职业铺垫。

根据上述目标,我也相应地制定了这一个月内实习预期完成的任务:熟悉法院内部的分工部门以及案件的运行流程;了解法官以及书记员等工作人员的入职要求与职业素质;积极向法官、书记员请教问题,充实自己的实务经验;熟悉整理卷宗的工作,并学会相应法律文书、判决书的撰写;多去旁听庭审,了解开庭后的一系列流程,开拓专业视野。

二、实习具体工作

实习具体能否带来收获的关键不在于带你的书记员和法官,而在于自身的融入程度。只要你带着一双求知的眼睛,多看、多练、多发现,就能真正学到东西。在实习期间,从案件的立案到案件的归档这个过程中,我具体负责了以下工作。

(一)案件的立案进入阶段

1.排期

法院的案子纷繁复杂,每一个案子需要经过诸多流程才可以最终放到庭内审理,且案件的开庭涉及法官、当事人、律师等多方,因此需要打电话确认每一方当事人是否有时间,再进行排期的工作。排期的工作更像是一种客服作业,需要有清晰的口齿,并且要耐心地和当事人沟通,这也是比较考验耐心与细致的一份工作。

2.传票的书写

民事传票一般都有具体的格式要求,其中需要书写的内容有:案由(通常参考的是二审案件立案登记表)、案号、姓名、被传事由(一般为调查,如果为开庭,则书写开庭)、应到的时间以及地点。再检查合议庭成员和书记员的空格有无空缺,若空缺则需要填补上相应的名字。

(二)案件的审理阶段

在通知当事人之后就是等待案件的庭审或调查了。在这一阶段,实习生要做的主要事情有旁听庭审与书记员工作的代为记录。

1.旁听庭审

在我实习的过程中旁听庭审算是比较有趣的一件工作,也是实习实践中一次可以转变身份的机会。在做其他安排的工作时,我都会把自己当作一个比较严谨的法科生,做什么事情都会比较谨慎,防止出错。但是在旁听庭审的过程中,我更愿意把自己当作一个学生,可以独立于整个庭审之外,以自己的视角来看待这个问题。有时候我也会想象自己坐在审判席上,会对这个案件如何进行审判。

我在"中院"主要旁听的是刑庭的案子。由于"中院"的刑事诉讼管辖都是比较重大的案子,因此我的兴趣也比较浓厚。刑庭内部的分布与民庭存在一些区别,增设了一些羁押等的设施,而且具体的起诉程序也存在不同,比如增加了公诉人宣读起诉书等环节,这对我下学期学习刑事诉讼法有着十分直接的帮助。

在旁听案件的过程中,我逐渐明白了庭审的过程并非法律的抽象适用,更多的是将法与司法理想相结合,将法与情相融合,最终达到社会效益和公正效益最大化。一个诉至"中院"的案子通常会涉及十分复杂的法律关系,当事人在案件中并非像我们在学校里学的案例分析课一样是一些毫无意义的符号;相反,当事人都是一个个有血有肉、有自己思想的独立个体。因此,对一个案件做出裁判,不但需要思考法律的规定,更多地要考虑裁判结果的社会影响因素,我想这也就是为什么现在审理案件都实行法官终身负责制,这可能是在增强法官的社会责任感意识。

2.记录下庭审、合议庭笔录

由于我并未学习过相关速录的技术,所以这块工作对我来说有些吃力,最后也只是体验了一下书记员辛苦的记录工作。

(三)案件的判决归档

1.合议庭笔录的撰写

合议庭笔录就是对合议庭成员的意见进行撰写。我在此次实习过程中所需要撰写的合议庭笔录大多都比较简单,不太会出现意见不一致的情况。书写的过程以实际的判决书为准,对判决进行口语化和学理化分析,成为合议庭成员的话,并且将最后一段承办人意见照抄判决书中的判决意见,所需要注意的是将判决书中的本院改为承办人。

这个工作相对来说比较简单,只是需要注意一下法律用语的规范问题,但也十分考察撰写人的法律基本素养。

2.整理案卷,打印卷宗,扫描卷宗

来法院实习的一个月干的最多的工作就是案卷的整理。每一天都会有许多的案卷需要整理和归档。由于杭州市中级人民法院尚未实行完全无纸化,因此卷宗都是纸质的,需要按照目录将杂乱的案件进行整理,主要包括排序、编页码、填写证据目录及卷宗目录、装订案卷等。装订完案卷之后需要将案卷放置在扫描机上扫描,把信息归置到网上。

之前我只是机械地将案卷依照目录进行整理,后来我发现我能接触到这么多一手的资料、证据与判决书,却没有将它们好好利用非常可惜,于是后期我在整理案卷的过程中都会注意基本的案情,留意

一审判决是怎么判的,当事人上诉的理由,然后把自己放在法官的位置上,试想自己遇到这种案子会适用什么样的法律进行判决,最后再比对二审的判决书。这样一个流程走下来,我会有一种审结案子的成就感,也能让我更好地将学校里学到的理论知识与现实遇到的实务问题相结合,更好地融会贯通。

三、实习收获

(一)对诉讼整体程序的了解与把握更深了

我认为法院是在校学生将自己法律知识进行实践的最好场所,因为通过法院的实践工作可以非常直观地学习和体会诉讼的全过程,从案件的立案到审理,再到最后的整理归档,很容易在脑海中形成清晰的诉讼程序架构。而在学校的学习过程中,我们大多接触到的都是零散的知识点,无法形成系统化的知识架构,因为有些环节过于抽象,只凭课本上的描述很难记住,而经过法院的实践,就能将所学的知识进一步细化和整理。这无论是对我之后从事相关的法律实务工作,还是程序法的理论研究,都是一笔非常宝贵的财富。

(二)人际交往能力提升了

校园生活与实习单位中的交际圈是完全不一样的,校园中所接触的大多都是熟悉的同学、老师等,而在实习的过程中每天都需要接触不同的当事人。通过与不同人的接触和交流,我逐渐明白了更多待人接物的道理,处事也能够更加圆滑些,我想这也是一个人走上社会所必备的技能吧。

(三)未来的职业道路更加明确

通过法院的实习,我对法官和书记员这两份工作有了更深的认识,也了解了成为一个法官所需要通过的考试。法官是一个社会地位十分高尚的职业,但承受的压力也是相当大的,法官作为一个强势的社会角色,所审判的重大案子大多会被社会舆论所关注,因此这份职业也承受了更多的压力。书记员的工作更是十分繁忙与琐碎,排期、与当事人交流的重任基本都由书记员承担。所以这次实践中这些工作给我带来的感受就是法院的工作压力可能偏大一些,从而对我之后职业的选择有了更加清晰的指导作用。

四、实习过程中的问题与不足

(一)学习的自主能动性比较欠缺

在实习的过程中,大多数任务都是被动指派的,且我接受任务的时候所抱有的心态大多只是尽快完成,而没有想着去从中收获、学习知识,所以在这个过程中大多都是被动接受知识与经验。

(二)沟通能力的不足

在做一些具体的工作时,需要及时向书记员与法官汇报,但我有时候在遇到问题时会碍于情面等原因没有及时与法官等汇报,导致最后完成的工作存在缺漏。我意识到作为一个实习生,不懂的就应该多问,没有人是一开始就十分有经验的;而且书记员和法官都很乐意回答实习生的问题,因此我们需要积极克服心理难关,多问,多看,多学。

五、实习总结

虽然这次实习只有短短的一个月,但却十分充实,给我带来的变化也是翻天覆地的,这次实习让我明白了书本知识和实践存在着巨大差异。书上程序中看似十分简单的一个知识点,在实践中却需要耗费非常多的精力,也让我感受到人外有人,天外有天。希望我能将实习过程中所获得的经验更好地运用到学习过程中,不断完善自己,为中国的法制事业贡献自己的一份力量!

浙江浙杭律师事务所实习报告

2018 级非诉法律实验班　张盛慧

厚重积淀，方能致远。浙江浙杭律师事务所（下文简称"浙杭所"）是 1979 年我国恢复律师制度以来，浙江省最早成立的律师事务所之一，亦是 40 年来始终位居全省领先地位的知名综合型品牌律师事务所。目前，其业务遍及金融业务、公司证券业务、民商事业务等在内的各个法律服务领域，它能够快捷、高效、专业地为客户提供各项最优质的综合性法律服务。

浙江浙杭律师事务所作为浙江省规模较大的综合性品牌法律服务机构，为杭州市律师协会副会长单位。1982 年 9 月 7 日，"杭州市法律顾问处"（浙江浙杭律师事务所的前身）被杭州照相机械研究所聘请为企业常年法律顾问，从此开创了杭州市乃至浙江省"企业常年法律顾问"服务的先河。

而今，"浙杭所"为近 400 家政府机关、企事业单位提供专业的法律服务，获得了顾问单位的一致好评。其中，担任大型央企、上市公司或外资企业法律顾问 17 家。近两年为大型央企、上市公司或外资企业代理诉讼或非诉讼法律服务共计 422 例。

一、主要实习过程

此次实习的主要目的在于通过在浙江浙杭律师事务所的历练，熟悉律师事务所员工的日常性工作，以期更好地理解、消化在学校所学知识。实习过程主要包括以下几个方面。

（1）了解律师事务所文化，认识律师事务所师兄师姐，熟悉律师事务所主要业务方向。

（2）学习卷宗阅读，掌握卷宗制作流程。

（3）学习诉前调解主要流程，开展民事诉前调解工作（不包括机动车交通事故责任纠纷、社区物业纠纷以及保险类纠纷）。

（4）在他人指导下，尝试撰写民事起诉状、答辩状、调解笔录以及调解协议书。

（5）了解律师事务所常年法律服务项目招投标流程。

（6）总结实习过程，完成实习报告。

二、主要实习内容

本次大一暑假实习自 2019 年 7 月 9 日开始，至 2019 年 8 月 9 日结束，为期一个月，属于浙江财经大学法学院非诉法律实验班自 2014 年开设以来一直保有的传统特色活动。该活动主要由浙江财经大学法学院牵线搭桥，负责安排学生与律师事务所资深律师面对面双向选择，从而让学生开展实习。笔者最终选择了浙江浙杭律师事务所律师郑舒木。

刚到律师事务所的第一天，主要是与实务导师郑舒木律师（以下皆称"木哥"）见面，相互介绍自己，双方之间进行了更加深入、细致的了解。第一天的学习，无关专业性，无关技术性。在师兄的带领下，我参观了整个律师事务所，对律师事务所的内部空间结构有了一个大致的了解。到了中午，我和师兄一起到 B1 层送货平台领取了整个律师事务所的午餐。接下来的一个月，我就暂时接过师兄的工作，负责取餐。师兄用严肃庄重而又诙谐的语气告诉我说"你是小师弟了"，我总觉着他是很开心的。中饭过后，"木哥"团队里的另几位外出办事的师姐，回到了律师事务所，我又认识了几位师姐。到了下午，我帮忙打印了几份文件，熟悉并掌握了律师事务所那台打印机的构造及操作方法。实习生真的很有必要提前了解打印机的常用功能！这是一件极小的事,极容易被忽略,但真的很重要。当师兄师姐拜托我把已装订成册的文件扫描一下,转成 PDF 格式时,我却站在那台白灰相间的大机子前手足无措。无奈之下,只能向师兄求助,是有点尴尬的。当我想到"该不会这次实习真就像网上传言那样只守着打印机了吧",事实给出了答案:NO!

第二天,师兄师姐外出办事。早上我来到律师事务所,坐在位置上,感到有些无所适从。我就问了下有什么文件需要处理,后来打印、扫描了几份文件。过了几小时,师兄回来了。他看出了我的不适应,就拿了档案柜的钥匙,带我去挑了几份材料保存较完整的合同档案,开始教我怎么整理卷宗材料的顺序,并许诺,当我把卷宗材料理好后,就带我去制作一本标准的卷宗册。我本以为几十分钟就可以理好卷宗,可我最终花了一个多小时才完全捋清,整理成功(如下图)。

图1 卷宗册

这是我在律师事务所实习过程中遇到的第一个阻碍。它的拦路让我骤然清醒,自此,我对这份实习工作丝毫不敢懈怠。接下来的几天里,没有多少需要着重强调的事情,不再赘述。直到第二周的到来……

"浙杭所"在杭州经济开发区人民法院设有一个律师调解室,值班人员采用轮班制。正好,从那一周开始由师姐在法院值班。加之,我自己想要多走走,多学习。所以,"木哥"就决定外派我到法院调解室学习。第一天,我不清楚要做什么事情,是师兄师姐们手把手耐心地指导我。通过前几天的观察、学习,我大致搞清了法院调解室日常性工作的流程。每天下午2时上班后,首先去楼下一楼立案大厅询问工作人员今天是否有引调的案件(对于物业类、机动车纠纷以及保险类,因为法院设有专门的调解室,所以不归律师调解室调解)。拿上来后,要按照案卷所载信息打电话询问原、被告是否愿意调解,若不同意,则退回一楼立案大厅,正式立案,走诉讼程序;愿意调解,则和原、被告协定时间。然后,再根据卷宗信息填写案件情况表,并发送到律师事务所调解员的工作群中,等待律师调解员认领。

到正式调解那一天,要提前打印出调解告知书,并交与双方当事人确认签字。若调解成功,则出具调解笔录和调解协议书,并交与双方签字按押。若申请民事协议的司法确认,则通知书记员出具民特笔录,移交所有卷宗材料至立案大厅申请司法确认程序。案件完结后,将所有材料的电子稿上传至法院内部云盘,并将纸质材料放入档案柜保存。

在法院的短短两周时间,是我这次实习中进步最明显的一段时光。我不仅在法院调解室里亲身经历了多次调解,进一步了解了一个案件中双方当事人的矛盾尖锐之所在,更重要的是,我有幸近距离听到多位律师事务所高级合伙人在调解现场对案件的分析,感受到他们虽风格各异但理智明辨的风采。当然,最直观的好处,是我完整地经历了民事诉讼法所规定的各项流程,这对我今后学习民诉法的益处是显而易见的。

两周后,我回到了律师事务所。这时的师兄师姐正忙于各类合同的撰写,师姐正在准备着她的第一次开庭。"木哥"的团队正在开展法律服务项目招投标方面的工作。不过可惜的是,这类事情太专业,我帮不上太大的忙,只能凭着朴素的"法感情"帮着审阅一下合同草案是否有大的纰漏,并拨打电话,了解一下各类事务的进程,再就是送投标书(如下图)。

图2 投标书

三、实习收获

这次实习对我的影响是巨大的,且是有益的。我在实习的过程中,了解并熟悉了律师事务所的工作氛围。在此基础上,最直观的收获便是拓展了视野,对律师事务所的业务以及工作有了一个大致的印象。此外,通过这次难得的实践机会,我也学得了一些书本之外的经验。作为一名还在上学的大学生,我通过这类实习提前感受到了社会的脉搏,这为我今后更好地学习,乃至将来更好地投入工作指明了方向。

最需要着重指出的是,通过这次实习,我深深感受到了理论与现实之间的距离,同时,为自己专业知识储备的严重不足感到羞愧。我在此需要深刻反省。大一时我得过且过,并没有太强烈的求知欲。"书到用时方恨少。"比如,国务院部门规章的效力范围可延伸至何处?我通过查阅资料,才深刻了解这个知识点。不过话说回来,这同样也是一次查漏补缺的绝好时机。通过实习,我反过来思考大一年所学知识,取得了一定成果。此外,我意识到工作时应该具有高度的责任心。在法院学习过程中,一场调解震撼了我,那是一场简单的房屋租赁纠纷。事实清楚,证据链完整,被告方应当支付拖欠房租并按约支付违约金。这时,律师调解员并没有草草了案,而是仔细核对合同所规定的金额数目,并依据法律对协议中违反法律规定的条款不予承认,重新拿出了一个合乎法律又令双方接受的金额支付方案。这种一丝不苟的精神感染了我,我也希望自己成为那样的人。

　　通过这次实习,我收获了很多,也清楚了今后的奋斗方向。感谢浙江财经大学法学院和浙江浙杭律师事务所为我提供这次宝贵的实习机会。我会努力的!

杭州炜衡律师事务所实习报告

2018 级非诉法律实验班　赵增玉

　　作为法学学生，我们虽然不用像其他专业的学生那样对具体的经济体和行业进行生态分析，但了解法学专业的从业情况、律师行业的竞争业态以及律师行业的职业要求，对于我们的未来职业规划是很有意义的。

　　在上大学前，我对律师行业或者法学行业的了解基本等于零，基本只会从影视行业获取一些粗略简单的信息。上大学后，我虽然对法学的了解更多了，但也仅限于学术方面。所以总体而言，我对法学行业一无所知，特别是律师行业！律师行业的现状、律师资格的取得方式、律师行业的发展前景、律师从业的风险等都是对未来向律师行业发展应该了解的必要问题，但是这些也是我所不知的。

　　所以，这次的律师事务所实习机会显得很难得，趁此机会我增长了见识，丰富了知识。当然，要感谢律师事务所里的各位哥哥姐姐的帮助和导师的悉心教诲。在律师事务所实习过程中，导师本人直接进行工作分配和技术指导是较少的，主要由他的助理戴律师指导我们。当然，独立执业的魏律师也是很细心地教导我，我十分感谢他！通过这次短暂的实习，那些不可能在课堂学习中得到的经验和感受让我这个暑假变得更加充实。

　　因此，在下文中，我会将我的经历和想法一一说出来。

一、工作内容

本次实习的时间是 2019 年 7 月 15 日至 8 月 15 日,共 4 个多星期,主要的工作内容并不是很多样,甚至可以说大多数是低技术的劳动活。但实事求是地说,这是我的第一份实习工作,所以还是得到了锻炼。具体我所做过的工作有以下几种(按工作频率由高相低排序)。

(1)案情分析。这是戴律师对我们安排最多且最有难度的活。一般需要一天的时间准备资料,然后用自己的语言表达清楚,几乎需要两天时间。主要的工作形式是分解问题、查询盲点、查找法律法规和相关判例,最后分析整理。这种工作是戴律师训练和教授我们专业知识的主要方法,集中锻炼了我们的分析整理能力和法律判例搜索能力,而戴律师认为查询搜索能力是法学工作者必备的基础性能力,所以这种工作方式也是其精心设计并经过实践的。其间有关问题有劳务工人"工伤"赔偿、复杂劳动违约金、商业秘密、不良资产的抵押权等,这些问题的难度来自生活现实而不是设计,所以它们一般是没有正确答案的,也是比较复杂的。这对我的认知提升也是很有帮助的。

(2)查阅卷宗。由于一开始对新环境的不适应,以及自身能力和思想准备不足,戴律师让我们先看三天的卷宗。我们看了各种类型的案件,如毒品买卖、金融诈骗、民间借贷、著作权纠纷、矿产产权纠纷等,初步学习了如何使用卷宗查阅方法,也初步了解了整个案件代理流程。在看卷宗的过程中,要注意起诉书和法院的判决书,要注意双方对事实的看法和法院认为的争议焦点,这能帮助了解案情。总体而言,查阅卷宗是一件技术含量不大的活。

(3)打印文件、邮递资料和递送文件。这是没有啥技术含量的杂活,但也是干的比较多的活。对于这部分,应该不需要过多的描述。最多只能说这些事情我之前没怎么干过,所以在刚开始做的时候还是挺有新鲜感的。在做这些小事情时,要更加注意格式和打印要求,不要给他人带来麻烦。

（4）立案。其实我们一共经历过五六次立案，并且有三位律师前辈带着我们。最开始是萧山区人民法院的立案，但没有成功。然后是拱墅区、西湖区人民法院的立案。通过几次立案，我大致了解了立案流程。主要材料有起诉状、当事人信息材料、证据清单、证据材料以及保全材料等其他证件。挂号、办理，然后等待回复。本以为十分麻烦，但总体而言并不太难。其中有技术难度的主要是材料的收集和整理，而起诉书的编写则着重考验律师的职业能力。

（5）整理公司资料。这个活其实我只做过一次，但一次就干了一天。这个活具体就是对浙商集团的公司发票、订单、银行转账和税收等材料进行整理和编页，单调又枯燥，但需要非常细致专注，所以一天的工作量比一个星期的工作量都大。

（6）编辑和调整文件。这主要是浙江财经大学学长邹律师给我安排的工作，基本上都是文件的格式调整和编辑文件。我做了一个全国各地 AMD 公司的简介和联系方式，也帮忙把有关金融调控方面的法律法规进行了格式调整。这些很考验一个人的 Word 编辑功底和耐心。

二、学习所得

在我的人生初次实习中，所经历的大多是我从未体会过的，因此在各项实习工作经历中，我或多或少地吸收和体会到了一些经验。从工作技能和内心所想两个方面而言，我认为在这次实习中，我的技术性所得是极少的，更多的是人际相处能力和在工作中所能体会到的那种精神。

在技术方面，我大致了解了法律实务角度的案件办理流程（接受委托—证据收集—立案—质证—庭前调解/开庭辩论—结案），也深刻认识到证据的重要性（真实性、合法性、关联性）及关于起诉书或答辩书的格式要求等。整体而言，我认识到了案件办理的核心难题是证据和起诉书。而在起诉书上，对写作和寻找立论点的要求又是极高的！这是我需要锻炼的地方。

在案情分析中,我了解到了要想通过法律解决实际问题,就必须会用法言法语对日常案件进行翻译,并用现行有效的法律法规和判例进行分析。在实习中,我们所遇到的需解决的问题都来自现实,比书上的要难很多。并且相关法律我们从未学过,大多数时候是现学现卖,从中我又学习到了很多的法律知识,并在此基础上开始分析和解剖,寻找法律不能确定的疑难点,再通过判例和司法解释来推测和解释。在此过程中,学习到的不仅是知识,还有态度。

在态度方面,我总结为两个关键词:学习和礼貌。这两个词似乎和内心没啥关系,但的的确确是内心的写照。比如学习,"在工作中没人在乎过程,结果才是最重要的,不会的就去请教别人,没人理睬你就自己上网学",这是魏律师教我的,这是一种态度:务实和认真。整个暑期我都在学习——学习与人相处、学习自我学习。不认真、不自觉是不能立足的。礼貌是指与人相处时,在早上遇到人时,接受任务时,打电话询问时,见客户时,接受训话时,开会时等等,无时无刻都离不开礼貌!为人谦逊、礼貌温柔是必须的!因为作为实习生,我们的确是卑微的,没本事就不能有脾气,并且不能轻易地拒绝别人。活上加活是必须要面对的,这就要以礼相待……礼貌与学习,一个是对人,一个是对己。总结来说,就是"宽以待人,严于律己"。

三、总体思考

通过此次实习,我对律师这个职业的看法愈加清晰,对未来的发展方向也有了初步的想法。

律师并不是影视剧里的那种潇洒、自由又多金的职业,它不过是一个服务业。与大多数工作一样,律师是要加班的,律师是要到处出差的,律师是没啥假期的,因为钱从来就不是从天上掉下来的。律师也遵守一分努力一分收获,并且"高价钱＝高风险",要量力而行。律师甚至比其他职业更要坚守职业道德,不然就无法生存。在金钱和法律之间失去的是随心所欲的自由,坚守的是不可动摇的道德,律师就是这么难做。

　　总体而言,我国未来的律师需求量还会呈井喷式发展,因为就世界同量经济体中,我国的人均律师完全不达标!但这也会预示着律师行业竞争的加剧和利益空间的缩减。其次,律师对自身的要求也愈加严格,律师必须向专业化转型,但不能丢掉全面性。同时,大数据和编程的发展对律师的转型也愈加重要。对我们这些学生而言,大学的时间、机会就更难能可贵了!

　　对于未来的学习方向,我基本确定是考研的!因为律师事务所实习经历告诉我,"浙大"的、"华东政法"的、"中南财经"的、海归的律师在律师事务所中都是平平无奇的,如果以后想有敲门砖,不考研到好学校是不行的!并且专业化的发展预期,也要求自己应更加注意考研方向,不能人云亦云,而是抓准未来,有己见!大学期间,不能继续放浪下去了,不好好利用起来是不行的,不然走上社会迟早是要还的!就业的话,我想先走公务员进司法系统——进可攻,退可守!但这似乎有点远,目前重要的是做足心理准备,为未来争分夺秒!正如毛主席说的:"丢掉幻想,准备斗争!"

四、结　语

　　实习结束了,但这并不代表自己就可以松懈了。通过实习,我发现,我的身边是一座象牙塔、乌托邦。现实的压力从未削减,反而在剧增!比我优秀的人一大堆,并且还比我努力,如果我自蒙双眼,享受现在的安逸,估计我会被这个时代给抛弃,所以不能再这样无所谓了,必须开始有目的和有计划地学习,为了自己,也是为了未来,还是那句话——"丢掉幻想,准备斗争!"

浙江智仁律师事务所实习心得

2018 级非诉法律实验班　周文婷

　　学习知识是一个循序渐进的过程。从刚入学第一次接触到法理学，直至今日于浙江智仁律师事务所完成为期一个月的实习，我的法学学习也慢慢从最初的懵懂走向深入。

　　初得知我们班将在大一升大二的暑假进入律师事务所实习时，其实震惊与忐忑的情感是远远多过惊喜与愉悦的。一方面，大一学习的民法总论和刑法总论只是整个法学体系中的一点皮毛，我的知识储备较事务所中的同期实习生来说实在是贫瘠；另一方面，面对陌生人时我总有些腼腆和内敛，因而惧怕短短一个月的时间不够让我的导师充分了解我，给予我实务实践层面的贴切帮助。

　　不过好在我们学院充分考虑到了这一点，在期末周结束后召开了导师见面会。这在一定程度上缓解了我的焦虑。

　　导师见面会之后经律师、学生的双向选择，我确定了为期一个月的实习地点——浙江智仁律师事务所。而我的导师——李斌律师，是一个非常爱护学生的人。该如何来形容他，其实我思考了很久，他仕途顺利，从 2012 年一个名不见经传的律师助理成长为 2018 年知名律师事务所创始合伙人；履历丰富，承办多个标的额破亿元的破产案件。这些似乎都只是其个人价值外化之事，缺少了描述个人内化的共情能力之词。而在与导师（在律师这个行业里称为师父）初相处的时候，我就能明显感觉到他的亲和力。在微信沟通中，他态度亲和，耐心告知实习时间由我来定；在律师事务所第一次见面时热情洋溢，先喊我到办公室给我介绍破产案件的团队化运作方式,再直接召开团队内部会议,为我争取介绍自己的机会。那时的我,是一个理论层面尚浅,而实践层面更是一窍不通的"职场小白"。而那时导师和蔼可亲的形象,确确实实在无声中抚平了我因恐惧而躁动的心。

一、实习目的与计划

(一)实习目的

(1)通过实习,将在大一整个学年所学的理论与法律实践相结合,以求积累经验、指导今后的学习。

(2)通过实习,培养独立发现法律问题、分析并解决具体问题的能力。

(3)通过实习,培养一定的社会适应能力和人际交往能力。

(二)实习计划

(1)掌握一般办公技能,熟悉律师事务所的结构和运作方式。

(2)熟悉破产这一非诉业务相关的法律法规及律师执业纪律。

(3)熟悉每个破产案件的业务来源、执业范围和执业环境。

(4)与导师积极接触和沟通,虚心接受导师的教导,不断充实专业知识。

二、实习内容及过程

"师父领进门,修行在个人。"实习前的我觉得一个月实习期很长,但现在回溯我的实习之路,实在觉得一个月短之又短。即便时光流逝如此之快,将学习的时间长度缩短,我也在循序渐进的实习过程中用自己的努力将此次学习的厚度垒高。本次实习在我看来可分为三个阶段,分别是夯实理论基础、将理论与具体实践相结合、上手并独立完成主办律师交代的实践任务。

(一)夯实理论基础

这一阶段持续时间约为一周。第一次参加导师的团队会议其实是在实习的第一天,那时听团队里的主办律师向导师汇报工作,频频出现的"接管""尽调"等专业词汇让我一头雾水,我只能在笔记本上记下这些词,以便会议后拓宽知识面。不过好在第二天这样被动学习的情况就有了转变,导师给了我一本律师事务所重整重组团队的破产知识技能培训书,里面的主要内容就是《中华人民共和国破产法》及其配套的司法解释,同时又兼顾浙江省人大出台的有关破产重整规定,这是一本十分全面的破产教科书。第一周,我并没有认全整个团队的律师,所以主办律师除让我帮助扫描 PDF 外,并没有给我布置太多任务,律师事务所就成了我的"图书馆"。

法律圈外人对于破产这一名词的熟知,多半源于一些传闻与常识。在中学时我并未有学习法学的想法,却对"企业破产后所欠债务一笔勾销"这句话产生了浓厚的兴趣。我震惊于对我脑海中"欠债还钱天经地义"这一传统思想的打破,也好奇于这样的程序究竟由谁来主持操作,因而在研读这本破产知识技能培训书的过程中我直观地了解到破产理论层面的知识,这也算圆了我中学时的一个梦。登记于各家法院名下的破产管理人在承办一个破产企业的清算时需要经历如下程序:一家企业资不抵债进而破产,以导师为首的破产管理人团队参加招标活动并竞标成功,去破产企业办公场所接管公章、账本等重要物件,展开尽调的同时发布公告,组织债权人债权申报,组织联系债权人召开债权人会议,在债权人会议上商讨并表决通过分配方案,进行最后的款项分配。这些冗长而烦琐的程序致使有些破产案件在时隔四五年后才分配完成,标的额大的甚至有上千个债权人,这也自然成为破产管理人需要攻克的一个难点。

在夯实基础的同时,我也致力于观察与熟悉律师事务所的结构与运作方式。在没有任务的时候,我会放下手中的笔,静静地听所里的律师打电话。有时律师会打给当事人,态度严谨,说话方式客观;

有时律师会打给房管局等需要委托办事的部门,态度委婉,说话腔调圆滑;有时律师会接到债权人打来的"找事"电话,态度强硬,说话语调官方。

这些理论知识武装了我的大脑。通过观察,我也逐渐熟悉了破产团队的运转方式,于是我迈出了本次实习的第一步。

(二)将理论与具体实践相结合

为期时间也约为一周。在有了基本知识储备后,我跟随导师的团队组织并参加了位于杭州市建德市人民法院举办的国贸饲料第一次债权人会议。之前也有提到,债权人债权申报是债权人会议的前缀,而债权人会议则是破产清算程序中极其重要的一个环节。国贸的债权人会议,就是我这次实习从基础理论的学习逐步走向实战经验累积的转折点。

坦白来说,其实债权人会议带给我的熟悉感多半源于我大一时参加的一些学生会和社团。在学生会时,我曾协助其他部门举办过校友返校等大型活动,也有在自己部门主办过院寝室交流大会这种小型活动,所以深知一场活动的举办需要经历撰写活动策划、物资审批、联系参加者和现场布置等多个环节。简而言之,破产法中的债权人会议是历经专业化与拓展化了的校园活动,组织它需要整个团队的努力。

此次"国贸"债权人会议中,我被分配到前台处理签到事宜。因此有机会便认识了我在实习中的第一位朋友兼知心姐姐,在她的教导下我熟练地让每一位来参会的债权人或其委托人出示身份证或授权委托书。当时处于一种很感慨的状态,因为几天前我还对着他们的债权申报材料与主办律师传给我的表格校对这些债权人的信息。但如今他们一个一个来到我的面前,向我报出他们的姓名,与我记忆中的信息发生交汇与重合,大脑会迅速感应出"啊!我确实记得这个名字"的信号,所以感到很奇妙。完成签到工作之后,我便走进法庭旁听了整个债权人会议,进而对债权人会议的组织、过程有了更为全面的立体化认知。坐在法庭的角落,倾听位于审判席上的法官宣读会议纪律时,有种庄重肃穆的感觉。而这种感觉直至下周进入余杭区法院,看到诉讼服务大厅墙上悬挂的"让每一个人都感受到正义"字样时又再次涌上心头,我才明白,这是法院给予每一位公民的特定感受,世间其他任何一处都不会再有。

(三)上手并独立完成主办律师交代的实践任务

为期时间为两周。处于这个阶段的我已经认全了团队里所有的主办律师,因而律师们会主动给我布置一些较为复杂的任务,如接待债权人修改账户信息、扫描归档文件、协助清算组阿里拍卖资产交易机构入驻等。坦白来说,刚开始的时候对于要自己独立完成复合任务其实我是拒绝的。一来这些复合任务或需要一些复杂的脑力记忆,或时间紧迫,需要快速上手,与前两周的理论学习存在错位脱节;二来复合任务不同于以往被陪伴完成的简单任务,它建立在主办律师对我独立能力的信任之上,每一次都是对我的考验。坦然接下这些任务其实需要我鼓起莫大的勇气。记忆最深刻的是,有一天上午我刚到律师事务所坐下,燥热的心还未平复之时接收到了制作标书附件一的任务。内心忐忑的我胆战心惊,堪称费了九牛二虎之力才终于圆满完成标书制作的任务时,突然被喊去会议室开会。当时甚至一口水都没来得及喝,还是在师姐的提醒下才带上笔记本跑去会议室,差一点儿就要被导师批评。

机缘巧合之下,我被外派到杭州市余杭区临平镇进行中都破产案的跟进工作,这次外派也被我视为此次实习中的重中之重。原因其实很简单,之前用破产法打下的基础若不倚靠一件具体的案子那只能止步于纸上谈兵。此外,之前粗浅跟进的国贸饲料案在其债权人会议结束后便再没了下文。因而此次被外派到"中都"办公,虽然当时知晓要做的依旧是核对银行账户信息这类琐碎的工作,但是到了办公处才了解到中都之案系 19 家企业联合破产,涉及产业有酒店服务业、房地产、购物中心等多方面,又是时隔五年才走到分配阶段的大案子。由此我便下定决心在做机械琐碎的事情的同时,也不忘学习如何解决类似于确定债权分配方案这样的难题。

这项工作充分锻炼了我的耐心。一开始核对信息的时候我觉得很简单，内容不过是找出债权确认单，直接将确认单上的银行账户信息与表格进行核对即可。但"中都"的债权数目多至2000多笔，且一个债权人提供的资料也有很多，特别是少数银行债权提供的债权信息甚至有一本刑法书那么厚，给我的审核工作带来了较大的困难。说"充分"锻炼可能还有些含蓄与谦虚，这项工作锻炼耐心的程度较之"充分"可能还要更甚，称为炼狱也丝毫不过分。甚至到如今提笔仍能回忆起当时在破产企业破烂的办公室翻找材料的诸多时刻，后背还能感觉到衣衫湿透的炎热，耳边还能听到扫描仪因工作而响起的机械声。

三、实习心得

这次实习经历弥足珍贵，我收获了很多在校园课堂里根本无法学习到的经验。除了大体了解非诉业务，并熟悉了一些破产业务的具体操作流程外，在新学期的商法课上我能明显感觉到自己的专业水平有所提高。同时，作为一名入学才一年的大学生，我也收获了很多在人际交往方面的经验。总的来说，这次实习是我走入社会前一次充满挑战的锻炼，很大程度上让我对我的职业生涯有了更好的规划。

其一，在实务中我发现了书本理论知识与实务的差距。第一学期我选修了一门博弈论的课，然而老师把博弈论模型讲得很浅，让我误以为博弈就是如此简单。从某种程度上说，破产实际上也是一种博弈。这句话是导师在导师聘任仪式介绍团队的专业方向时所说的，也成了我实习的初衷，在之后我实习中的某些时刻，又一次回响在我耳边。

那是实习第三周的某个下午，我去了杭州市余杭区人民法院，参加"中都"债委会和借户贷款人出席的法院庭外调解会议。中都集团当时作为担保人以旗下员工的名义向银行借款，破产后这些借户贷款的员工便遭受了无妄之灾，不仅进入了失信人名单，还欠下巨债，无法偿还。此次庭外调解会议的主要目的就是解决债权人银行和这些借户贷款人的矛盾,因而我有幸在法庭上见证了"你方唱罢我登场"的调解局面,在谈判中你提方案我表态度,表态不行就再找其他可行方案。从最初的假定清偿率上限,缺口部分由贷款人出一半,到贷款人上浮清偿率的三到五个点,一变再变的方案背后是两方势力的暗中较劲,也是博弈的施展之地。

特别是三轮调解会议结束后,我对谈判博弈的认知又上升了一个高度。第一,先发制人,即便自己不占优势主导地位,也可如借户贷款人代表一般先顾左右而言他,卖惨获得同情之后再商讨更有利于自己的方案。第二,紧握主动权,如招商银行代表行长在法官和管理人都想夺回话语权的境况下仍打太极不表态,保持自己的节奏。后来走出法院的时候吹着盛夏的晚风,我的思绪又突然飘得很远。有时看似为强者的人并不一定令人厌恶,看似为弱者的人也不一定令人怜悯。当时即便有"中都"为担保人,但从银行能借出那么多钱来看,那些借户贷款人的个人资产也一定不会少。可惜人心太贪婪了,自从有了破产管理人,他们便把全部的希望寄托在那虚无缥缈的清偿率上,不肯拿出一点钱来脱离困境。

其二,在实习过程中我确确实实进入了职场打拼的状态,不仅在律师事务所上班,而且随时面临出差的情况。很庆幸的是,在实习的过程中我不止认识了导师一个人,而是结识了导师的整个团队,是一群人。"智仁所"中并没有传闻的尔虞我诈、钩心斗角,我身在其中,能感受到的只有包容和关怀。

像是在为我告别一样,我实习的最后一天,中午大家一起去街边的"大排档"吃了中餐,下午又有团队的读书会。读书会中有我百般抗拒的一个环节,就是新员工做自我介绍。我问导师,都最后一天了这个读书会我还要参加吗,可师父说参加,师姐说我们团队早已经把你当成自己人了。后来想起来我很懊恼,因为当时我说了不到一句话就泣不成声了。站在大家面前的我突然想起很多拥有奇妙收获的时刻,比如连学会复印身份证正反面都让我感到快乐,再比如和师姐一起搭顺风车去上班时师姐夸我的那句"可爱",有这样妥帖温暖的时刻存在,所以实在是太感激了。当然还有些在实习中遇到的好醍醐灌顶般的感受是言语所无法描述的,只存在我心中妥帖珍藏。

四、结 语

浙江智仁律师事务所是我的法学实务梦想开始的地方。那时的导师对我说:"想什么时候来就尽管来,寒暑假我们都欢迎你。"我说:"好的,导师你等我。"

感受司法的公平正义

——杭州市滨江区人民法院实习报告

2018级非诉法律实验班　朱　憬

　　此次暑期实践,我有幸来到杭州市滨江区人民法院实习。本次实习,旨在通过亲自参与法院的各项工作,将专业所学知识与实践相结合,进一步了解法院从收录案件到审判案件的工作流程,深入体会司法实践工作的方方面面,深化理解与掌握所学的诉讼法等法律知识,感受司法的公平正义。

一、实习内容

　　我在"滨江法院"的刑事庭进行学习实践。刑事庭主要分成三个小组,每一组均由法官、书记员以及法官助理组成。这段时间的学习让我更加深入了解了司法实践中刑事庭的受案范围。我参与了庭审前准备工作,熟悉了庭审判程序、宣判程序以及部分案件的执行程序,受益匪浅。收获和体会很多,具体有以下几点。

　　进入刑庭后我最先接触到的一项具体工作就是移送执行工作。刑事法庭负责的执行部分主要是检查各个判决书中的财产刑是否执行完毕,如若拖欠款项超出一定期限,法庭需要专门将该类案件分离,并通过法定程序转移至执行局进行执行。刑事判决书中往往会涉及以下两种财产刑——罚金、违法所得。按照相关规定,当事人需要先退还所有的违法所得,再行缴纳罚金。

　　在承担移送执行工作的过程中,我逐渐对基层法院刑庭处理的案件有了粗浅的认识。基层刑庭处理的案件大多为盗窃案、诈骗案、危险驾驶案、强奸猥亵案等简单案件，较为罕见的案件有职务侵占案、贪污案、贩卖毒品案等。在阅读完近几年刑庭审理的案件后，我可以和前辈们进行详细交流，从而对每一份判决书背后蕴含的法理产生更深的理解。

接下来的时间，我参与旁听了刑庭的各类庭审，亲身观摩了完整的刑事案件庭审过程。庭审的过程，首先是庭审前的准备工作，需要由法官核对当事人身份，告知其享有的诉讼权利，询问是否需要回避。其次是公诉人宣读起诉书，法官询问当事人是否有异议，若有异议则给被告以陈述的机会。再次是法庭调查环节，由公诉人、辩护人、法官依次对被告进行详细询问。复次，询问完毕后是庭审的质证环节，公诉人先对起诉书指控的犯罪事实进行举证，被告和辩护人对此发表各自的质证意见。然后是辩护人提交补充证据。最后是法庭的辩论环节。大部分刑事案件都会在庭审结束 10 日内送达判决书，个别案件法官可以做到当庭宣判。在旁听的过程中，我感受到了审判人员公正、中立的审判态度，以及公诉人与辩护人为了各自代表的人群利益，在庭审中使尽浑身解数，用言语交锋，以证据表明。庄严的法庭、严苛的程序，无不折射出法律的严肃公正。

我也尝试参与了书记员的庭审笔录工作。在庭审时，法官、公诉人和辩护人当庭的陈词会有电子系统进行在线翻译。在庭审结束后，书记员需要根据庭审的现场视频记录，以文字的形式将整个审理过程中各方的陈词做完整的记录。庭审笔录的严谨性是有很高的要求的，原则上当庭的一词一句都必须是如实的，如果对于当庭的一方提出的观点，另外一方没有明确提出否认，则在判决时会被当作一方默认。此时，庭审笔录作为"证据"之一，应当百分百还原庭审的真实情况，做到公正客观。

我还曾写过一次盗窃案的判决书。判决书的格式都有明确的要求，内容要做到合法合理合情。虽然在校期间已经阅读过不少判决书，对判决书的基本写作格式也有一定的了解，但是在实际撰写的过程中，哪怕是最简单的案子，也需要对每一个措辞斟酌再三。我深刻地感受到要想熟练运用法律,光靠书面理论的学习是远远不够的,一定要多进行实务锻炼。

二、实习感悟

在此次实习前,我对法院、法官、书记员等的认识主要来源于书本知识,以及一些影视作品和在律师事务所实习过程中从律师那里听闻的一些评价。总体而言,法院的工作在我的脑海中只有模糊的框架与印象,法官以及其他工作人员也总是不苟言笑的模样。然而真正接触后才发现现实与想象截然不同。每一项司法工作都具有严格的程序性,对待每一个案子法官都需要谨慎考量,目的就是维护司法的公平正义。下文将重点从几个方面谈谈我的实习感受。

(一)法院各科室职能与公平正义的关联性

杭州市滨江区人民法院一共分为十个职能科室,各科室相互协作,共同维持着法院的正常运行,更好地维护了司法的公平正义。

法院审理各类案件进行流程管理的第一步当属立案,这项工作由立案庭专职处理。立案庭的主要工作职能是依法受理各类案件,登记立案,依法进行诉前保全、诉前证据保全和先予执行,以及核算当事人的相关诉讼费用。案件确认受理之后,所有的案卷材料会被送往各个法庭。

杭州市滨江区人民法院主要有三类审判庭:民事审判庭、行政审判庭与刑事审判庭。各类审判庭的工作除了审理相关案件外,还有提出有关的司法建议以及其他工作事项。民事审判庭又分为三个审判不同领域的法庭:民事审判第一庭,主要负责婚姻、家庭、人身权利等合同纠纷案件;民事审判第二庭,主审一审合同、知识产权等纠纷案件;民事审判第三庭,主要审判知识产权纠纷、劳动争议纠纷等民事案件。行政审判庭依法审理涉及土地、治安、工商、税务、卫生、文化、环保等一审行政案件以及审查行政机关申请强制执行案件。刑事审判庭专门负责各类一审刑事案件,依法审判第一审被告人是未成年人的各类刑事案件。

法庭审理过程中，少不了司法警察大队科室的协助。送达有关法律文书，负责警卫法庭、值庭、看管、押解犯罪嫌疑人或被告人，管理司法警察武器以及其他各类安全保卫工作。在第一审发生效力的民事、行政判决、裁定、调解书、支付令下达之后，将由执行局依法执行各类生效法律文书以及裁定、调解书中关于财产的决定。审判监督庭则依法办理刑事、民事、行政等各类案件的申诉，申请再审以及负责本院案件质量检查工作。最后就是办公室，它主要协助院领导组织，负责院务会和院长办公室会等重要会议安排及决定事项的督办，负责人大代表和政协委员的联络工作等。

(二)法院工作为司法公正做出了巨大的贡献

法院工作以其复杂性与严谨性维护公正。在实习过程中，可以发现现实中的案例与书本学习到的案例截然不同。老师上课时作为范例阐述的案例往往都是从实践中精挑细选的，无明显争议的才会被拿来作为教学研习的典例。然而，现实中法官拿到的案例很少具有这样的唯一性，每一个案子的处理都需要从多个方面予以斟酌考虑，且案例的判决也永远没有正确答案，法官唯一能做的事情，就是和"公正"较劲，和自己较劲，在反复的考虑和讨论中给出一份能够说服双方当事人、说服社会的结果。

法院工作对公平正义的重要性。每一份判决书上的文字不仅具有阅读价值，更有决定案件相关当事人未来走向的重要意义。特别是在刑庭处理的案件，判决结果往往涉及被告人是否会被限制人身自由，而这样的判决一旦出现失误是难以挽回的。所以，每一个案件都需要被以公正客观的心态对待，确保双方应有的利益都得到确实保障。

法院无纸化改革对维护正义的意义。"滨江法院"与其他法院相比，有一个重要特点就是基本实现了无纸化办公。自进入刑庭以来，最先认识与感受的也是"滨江法院"的无纸化办公。通过法院的审判系统，每一个法院的在职人员都可以在线查看院里的案件卷宗，而我也因此获得了大量的学习机会。无纸化工作是"省高院"智能平台化建设的重要一环,是法院重点抓的"一号工程",也是法院2019年三大重点工作之一。浙江省内所有的法院都已充分发动,而杭州市滨江区法院走在了无纸化办案的前线。无纸化办案红利,除了能节约大量的纸质资源外,一方面旨在通过对每个案件的全面录入,产生更完整的司法大数据,便于后续相关机构的研究;另一方面,案件从起诉书到双方证据,再到庭审记录、判决书的全面共享与公开,更加有利于上级法院、检察机关对个体案件的监督与检查,反向地促进了司法的公正性。

法官工作的艰辛性。法官看似是一个只需与法律打交道的职业,然而真正实操时才发现这个职业对法官本人的知识要求远远超过了单纯的法律。有时如果案件非常复杂,涉猎一些罕见的知识面,法官需要有快速学习的能力。除此之外,法官的工作也远没有像一些外界人士认为的那样轻松惬意。法官处理案件时,不仅要面对来自双方当事人及其家人等的压力,还要坚守本心,抵御来自各方面的诱惑。现实中,法官认真审慎的工作态度还经常难以得到他人的理解,每年或多或少都会出现家人来法院静坐或大闹法庭的情形。法官们的工作环境与人身安全需要得到更好的保障。

(三)对普法工作的重要性有了更深的认知

虽然我们的普法工作一直在进行,但现实却不容乐观。在刑庭实习的这段时间里,我发现在接触的案件中,有很大一部分当事人是因为对法律的认识不足,加上疏忽大意或没抵挡住诱惑,最后走上了违法犯罪的不归路。

我曾写过一起交通肇事案的司法建议书。被告人胡某某驾驶大型普通客车在人行道横过道路时未做到提前减速,停车让行,撞上了在人行道上正常行走的原告人,致其死亡,胡某某自己也因此被判处有期徒刑一年。这类惨案的发生,一方面在于客运驾驶人本身对交通法规的认识不足,未严格按照相关法律法规驾驶车辆;另一方面,也反映出胡某某所属的道路旅客运输企业普法宣传缺失,未能组织和落实本单位安全生产规章制度,间接导致驾驶人走上违法驾驶的道路。

我也曾旁听过一起贪污案。被告人倪某作为杭州某知名饭店有限公司的总经理,为了工作,他放弃了自己的节假日,失去了见父亲最后一面的机会,花费多年的心血,在短时间内带领公司实现了扭亏为盈的奇迹。然而现在本该享清福的他,因为自己在职期间未能抵挡住诱惑,利用职务之便侵吞公款,为他人谋取利益,非法收受款项高达几百万元,构成了贪污罪、非国家工作人员受贿罪。最后数罪并罚,他被判处有期徒刑六年两个月。在庭上,倪某哽咽着细数自己这些年来为公司做出的贡献,为自己当初未能抵挡住诱惑感到悔恨交加。他哭着责问自己为什么没有好好学习法律,导致自己法律意识淡薄而失去了颐养天年的机会。

从以上这些案例中我们都可以看出,很多被告人在犯罪时都缺乏应有的法律常识,只图一时之快而在不自知的情况下走上犯罪道路,给自己、家人和社会造成了伤害。我们常常可以看到在庭上被告人痛哭流涕,在法院门口父母因接到儿女被判死刑的消息而哭晕过去。社会上也存在很多人对司法和法律不信任的情况,在这个快速发展的时代,我们有更多的渠道和方式做好法制宣传与教育工作。法律及其他法律工作者可以多开展一些普法讲座,或拍摄普法视频等传递一些谨防犯罪的注意点,社区也可以组织律师事务所等开展进入社区的义务普法工作。高频率、深程度的普法工作可以免除许多主观上并无犯法意图的民众因为法律意识淡薄而成为罪犯。

(四)司法应坚持独立性,这样才能维护公平正义

只以"道德"作为衡量标准的政治,如果不以不可磨灭的人类感情为基础的话,就很难有长久的优势。所以人类为了维护"公正",建立法律制度,设定司法程序,将个体利益与集体利益联系在一起,牺牲掉一部分权利,然后无忧无虑享受剩下的那份自由。

英国的丹宁曾经说过:"如果衣服上出现了褶皱,司法机关可以用熨斗把它熨平,但如果衣服上出现了一个大洞,那就必须由立法机关来织补好它。"司法的存在是为了更长久地维护公众交出的那份权

利。也正是这个原因,司法应坚持其独立性,这样才能有机会更长久地维持这个社会的公平正义。

在中国有一个词,叫作"舆论办案"。这个词的出现主要源于我国曾有过案件的原审判决在遭到舆论监督之后被改变了的情况。在我看来,中国的司法构建正处于发展阶段,本身就处于不稳定的状态。在突如其来而又"分量"极重的舆论呼声面前,司法的独立性更易被摧垮,司法的从业者难以坚持自己原有的想法。正像"刘涌案""孙志刚案"这些久远的案件,以及最近发生的"男生踹伤猥亵男遭刑拘"案件,先分离它们最后的判决是否正确这个问题,这些案件都在告诫我们:司法如果不独立,司法从业者的思想就不会统一,社会上就会反复出现抛弃法律只靠自己主观臆断来质疑司法公正性的声音,以及企图通过控制舆论来控制案件判决的身影。司法不独立,无疑会帮助欲望强词夺理,社会舆论只要振臂高呼,"法制国家"的规划就变成了一纸空谈。

三、结束语

有人说,实习就好比蜻蜓点水,你可能只是在水面轻轻点了一下,未必能有机会真正深入水下,但你可以清晰地近距离观察到水下面一定范围内的各个生物是如何在生活的,整个生态系统是如何运作的。通过此次在法院的实习,我在向法院的前辈们学习的过程中,对法院的规章制度、日常工作、审理操作流程有了更为深刻的了解,对法官与书记员也有了多面的认知,对司法实践的公平正义有了新的思考维度。

此次实习丰富了我的世界观、人生观、价值观,让我对自己日后需要培养的能力、努力的方向有了更加明确的认识。非常感谢陈波法官、孙晓博法官助理、徐诗佳书记员,还有所有在此次实习中遇见的前辈,感谢能有这段美好的实习时光。希望未来自己能够以一个法律人的身份,像此次实习中认识的所有法律前辈一样,捍卫公平正义,带着更多的知识和力量为社会做出贡献。